Maria Omidi

Empathie und Mitgefühl als psychologische Fähigkeiten

Unterschiede, Zusammenhänge und Möglichkeiten ihrer Entwicklung

Bibliografische Information der Deutschen Nationalbibliothek:

Die Deutsche Nationalbibliothek verzeichnet diese Publikation in der Deutschen Nationalbibliografie; detaillierte bibliografische Daten sind im Internet über http://dnb.d-nb.de abrufbar.

Impressum:

Copyright © ScienceFactory 2018

Ein Imprint derOpen Publishing GmbH

Druck und Bindung: Books on Demand GmbH, Norderstedt, Germany

Coverbild: GRIN | Freepik.com | Flaticon.com | ei8htz

Inhaltsverzeichnis

Abbildungsverzeichnis 5

Abstract / Zusammenfassung 6

1 Einleitung 8

2 Definitionen und Begriffsabgrenzungen 10

    2.1 Definition von Empathie 10

    2.2 Abgrenzung von Empathie zu ähnlichen Phänomenen 11

    2.3 Definition von Mitgefühl 12

    2.4 Unterschiede und Zusammenhänge von Empathie und Mitgefühl 13

3 Messung von Empathie und Mitgefühl 16

    3.1 Interpersonal Reactivity Index (IRI) 16

    3.2 Saarbrücker Persönlichkeitsfragebogen (SPF) 17

    3.3 Movie for the Assessment of Social Cognition (MASC) 18

4 Unterschiede von Empathie und Mitgefühl auf weiteren Ebenen 19

    4.1 Neuronale Grundlagen und Unterschiede 19

    4.2 Kulturelle Unterschiede 24

    4.3 Unterschiede in der Psychotherapie 26

5 Störung von Empathie 30

    5.1 Psychopathie 30

    5.2 Autismus-Spektrum-Störung 32

    5.3 Alexithymie 33

6 Förderung von Empathie und Mitgefühl 35

7 Diskussion 38

8 Fazit 41

Literaturverzeichnis 42

Anhang 60
   Interpersonal Reactivity Index (IRI) 60
   Saarbrücker Persönlichkeitsfragebogen (SPF) 60

Abbildungsverzeichnis

Abbildung 1. Mitgefühl und empathischer Disstress. Schematisches Model zur Unterscheidung von zwei empathischen Reaktionen auf das Leid anderer Personen 15

Abbildung 2. Das limbische System in zwei Ansichten. 20

Abbildung 3. Überlappende Gehirnaktivitäten in fMRT-Studien über empfundene Empathie für Ekel, ... 22

Abbildung 4. Empathienetzwerk 24

Abstract / Zusammenfassung

Die vorliegende Bachelorarbeit beschäftigt sich mit den Unterschieden und Zusammenhängen von Empathie und Mitgefühl aus verschiedenen Perspektiven. Im allgemeinen Wortgebrauch werden diese Begriffe häufig synonym verwendet, jedoch lassen sich auf mehreren Ebenen bedeutsame Unterschiede feststellen. Beide Konstrukte beschreiben zwar die Fähigkeit, sich emotional und kognitiv in eine andere Person hineinversetzen zu können, doch während bei Empathie dieselben Gefühle geteilt werden und es somit bei negativen Emotionen zu gesundheitlichen Schäden kommen kann, geht es beim Mitgefühl eher darum, Gefühle von Wärme und Anteilnahme zu entwickeln, gekoppelt mit einer Motivation zu prosozialen Handlungen. Trotz dieser Unterscheidungen hängen die beiden Fähigkeiten insofern zusammen, als dass sie ineinander übergehen können. Zur Messung der Konstrukte kommen neben bildgebenden Verfahren häufig Fragebögen, wie der Interpersonal Reactivity Index (IRI) zum Einsatz. Auf neuronaler Ebene zeigen sich Aktivierungen in der anterioren Insula und im anterioren cingulären Kortex bei Empathie, während das Mitgefühl u.a. Aktivierungen im medialen orbitofrontalen Kortex auslöst. Studien mit kulturellem Bezug zeigen, dass Personen aus westlichen Kulturen mehr empathische Teilhabe und weniger Disstress als asiatische Personen empfinden. Bei einigen psychologischen Phänomenen, z.B. Psychopathie, Autismus-Spektrum-Störung und Alexithymie sind bestimmte Komponenten der Empathiefähigkeit eingeschränkt, es gibt jedoch zahlreiche Möglichkeiten, sowohl Empathie, als auch Mitgefühl zu fördern.

The present bachelor thesis deals with the differences and coherences of empathy and compassion from different perspectives. In common parlance these terms are often used synonymously, however, significant differences can be ascertained at several levels. Though both constructs describe the ability to put oneself in somebody else's position emotionally and cognitively, however, with empathizing the same feelings are shared and therefore negative emotions can lead to health damages while with compassion feelings of warmth and condolence linked with the motivation to prosocial actions, arise. Despite these differences both abilities are connected to each other, as they can lead to one another. Beside imaging techniques, questionnaires, like the Interpersonal Reactivity Index (IRI) are often used for the measurements of these constructs. At the neurological level, activations in the anterior Insula and in the anterior cingulate cortex appear with empathy, while compassion leads to activations in, inter alia, the media orbitofrontal cortex. Studies with cultural relation show that people from western cultures feel more empathic concern and less distress than Asian people. Some psychological phenomena, for instance psychopathy, autism and alexithymia show limited empathic abilities, nevertheless, there are also numerous possibilities to foster empathy, as well as compassion.

1 Einleitung

Die Begriffe Empathie und Mitgefühl bezeichnen komplexe Konstrukte, die bereits seit Jahrhunderten ein präsentes Thema sind (vgl. Hassenstab, Dziobek, Rogers, Wolf & Convit, 2007) und beschreiben die Fähigkeit, sich in andere Menschen hineinzuversetzen und sowohl die Freude, als auch das Leid anderer Personen nachvollziehen und teilen zu können. Die Wichtigkeit dieser beiden Konstrukte ergibt sich vor allem aus sozialen Gründen, denn Empathie und Mitgefühl sind grundlegende psychologische Fähigkeiten, die im menschlichen Miteinander eine bedeutende Rolle spielen. Sie sind wesentlich für den Aufbau und den Erhalt von tragenden Beziehungen (Staemmler, 2008) und verhelfen dazu, Rückschlüsse über die mentalen Zustände anderer ziehen zu können, um deren Intentionen und Handlungen zu verstehen und vorhersagen zu können (Hein & Singer, 2008). In sozialen Kontexten sind Empathie und Mitgefühl essentiell, denn sie sind die Voraussetzung für Moral und prosoziales Verhalten (de Vignemont & Singer, 2006).

Wie es scheint, haben Empathie und Mitgefühl Gemeinsamkeiten, jedoch gibt es auf psychologischer und auf neuronaler Ebene einige deutliche Unterschiede. Sowohl im alltäglichen Sprachgebrauch, als auch in der wissenschaftlichen Literatur werden die beiden Begriffe Empathie und Mitgefühl häufig synonym verwendet, was verdeutlicht, dass es keinen eindeutigen Konsens über die Definitionen gibt (Batson, 2009). Empathie wird als komplexes, multidimensionales Konstrukt gesehen, welches in diversen wissenschaftlichen Disziplinen, wie die Neurologie, Psychologie, Philosophie und Wirtschaftswissenschaften erforscht wird, während das Mitgefühl in der Literatur vergleichsweise weniger Zuwendung findet.

Die vorliegende Arbeit beschäftigt sich genau mit dieser Thematik, mit dem Ziel, eine klare Abgrenzung der Konstrukte Empathie und Mitgefühl auf mehreren Ebenen vorzunehmen. Zunächst werden die beiden Begriffe anhand von aktuellen Ergebnissen der Forschung und Literatur definiert und von anderen Begriffen, die ebenfalls weite Verbreitung als Synonyme finden, abgegrenzt. Die Unterschiede und potentielle Zusammenhänge auf psychologischer Ebene werden anschließend erläutert.

Im nächsten Kapitel geht es darum, Möglichkeiten der Messung von Empathie und Mitgefühl aufzuzeigen, um die Ergebnisse von der Forschung im richtigen

Kontext setzen zu können. Hierfür werden einige bekannte psychologische Testverfahren vorgestellt.

In Kapitel vier werden die Unterschiede von Empathie und Mitgefühl auf weitere Augenmerkmale betrachtet. Zunächst werden die neuronalen Grundlagen und beteiligten Strukturen an den beiden Prozessen erläutert und anschließend beleuchtet, ob es aus neuronaler Sicht Unterschiede gibt. Als nächstes wird geprüft, ob und inwieweit die Kultur und das soziale Umfeld einen Einfluss auf die Entwicklung, beziehungsweise die Ausprägung von Empathie und Mitgefühl haben und zuletzt ob es Unterschiede der beiden Fähigkeiten in der Psychotherapie aus Sicht der Therapeuten gibt und welche der beiden Fähigkeiten angemessener im therapeutischen Umgang sind.

Ein weiterer Ansatz zur Analyse der begrifflichen Bestimmung und zur Erfassung der Relevanz von Empathie ist die Untersuchung psychischer Phänomene, bei denen die Empathiefähigkeit eingeschränkt auftritt oder sogar fehlt. Demnach werden im fünften Kapitel die Störungen Psychopathie, Autismus-Spektrum-Störung und Alexithymie im Hinblick auf ihre eingeschränkte Empathiefähigkeit überprüft.

Um einen allumfassenden Blick auf die Fähigkeiten zu geben, werden im Kapitel Förderung von Empathie und Mitgefühl entwicklungsfördernde Möglichkeiten und Trainings vorgestellt. Es existieren zahlreiche Ansätze, sowohl Empathie, als auch Mitgefühl zu fördern und zu trainieren (Gerdes & Segal, 2011; Singer & Klimecki, 2014; Van den Brink & Koster, 2015).

Zuletzt werden die Ergebnisse diskutiert und in einem Fazit mit Implikationen für die Zukunft zusammengefasst.

2 Definitionen und Begriffsabgrenzungen

2.1 Definition von Empathie

Laut de Vignemont und Singer (2006) gibt es fast genauso viele Definitionen von Empathie, wie Menschen, die sich damit beschäftigen. Empathie stellt im allgemeinen Wortgebrauch die grundlegende Fähigkeit dar, sich sowohl kognitiv, als auch emotional in einen anderen Menschen hineinzuversetzen, dessen Gefühle zu teilen und somit einen Einblick in seine Beweggründe zu erhalten. Die empathische Reaktion kann durch das Ausdrucksverhalten einer anderen Person oder durch die Situation, in der sie sich befindet, ausgelöst werden (Bischof-Köhler, 2006).

Der Begriff Empathie stammt vom deutschen Wort *Einfühlung* ab, welches, wie Titchener (1909) beschreibt, vom deutschen Künstler Theodor Lipps im Jahre 1903 eingeführt wurde und einen Prozess meint, in dem Beobachter versuchen, sich selbst in eine andere Person oder ein Objekt hineinzuversetzen. Titchener (1909) übersetzte den Begriff der Einfühlung ins englische Wort *empathy*, was aus dem altgriechischen Wort *empátheia* (leiden, fühlen) entspringt. Das Konzept unterlag im Laufe der Zeit zahlreichen Definitionsversuchen und Umschreibungen, die zu Uneinigkeit und Missverständnissen führten (Preston & de Waal, 2002). Bis heute sind die vorliegenden Definitionsansätze heterogen und es herrscht kein eindeutiger Konsens.

Empathie zeigt sich in den verschiedenen Forschungsfeldern der Psychologie als ein multidimensionales Phänomen. Je nach Kontext werden ihr andere Komponente zugeschrieben. Daher existieren verschiedene Theorien und Modelle nebeneinander, die sich teilweise aufeinander beziehen und sich zum Teil widersprechen. Trotz der Unstimmigkeiten kann in einer Hinsicht weitestgehend ein Konsens gefunden werden: Es dominiert die Annahme, dass das Konstrukt der Empathie sich sowohl aus kognitiven, als auch affektiven Komponenten zusammensetzt (Baron-Cohen, 2009; Blair & Blair, 2009; Davis, 1983; Decety & Jackson, 2006; Decety & Lamm, 2006; Eisenberg & Strayer, 1987; Rankin et al., 2006; Roth et al., 2016; Shamay-Tsoory, 2009). Die kognitive Komponente deckt die Fähigkeit, Gefühlszustände anderer zu erkennen und sich mental in sie hineinzuversetzen ab, wogegen die affektive Komponente die empathische Teilhabe umschreibt.

Decety und Jackson (2004) beschreiben sogar drei funktionelle Komponente der Empathie, die nur gemeinsam Empathie ermöglichen können. Dazu gehört als Voraussetzung die Emotionserkennung, beispielsweise anhand von Gesichtsausdrücken oder verbalen Äußerungen, die Perspektivenübernahme als kognitive Komponente und das affektive Nacherleben als Fähigkeit, seine eigenen Emotionen wahrzunehmen, um somit den emotionalen Zustand des Gegenübers simulieren zu können.

2.2 Abgrenzung von Empathie zu ähnlichen Phänomenen

Die vorliegende Arbeit orientiert sich an dem Empathiekonstrukt von de Vignemont und Singer (2006) mit der folgenden Definition.

Empathie besteht, wenn diese Bedingungen erfüllt sind:

1. Man befindet sich in einem affektiven Zustand;
2. Dieser Zustand gleicht dem affektiven Zustand einer anderen Person;
3. Der Zustand wurde durch die Beobachtung oder der Vorstellung des affektiven Zustandes der anderen Person ausgelöst;
4. Man ist sich bewusst darüber, dass die andere Person die Quelle des eigenen affektiven Zustandes ist;

Diese Kriterien ermöglichen den Begriff der Empathie von verwandten Konstrukten, die oftmals in der Umgangssprache synonym verwendet werden, abzugrenzen. Zu diesen Konstrukten gehören beispielsweise Phänomene der sozialen Kognition, wie kognitive Perspektivenübernahme, Theory of Mind, Gefühlsansteckung, Sympathie und Mitgefühl. Die Zusammenhänge und Unterschiede von Empathie und Mitgefühl werden in den nächsten Kapiteln näher beleuchtet. Zunächst sollen für ein deutlicheres Verständnis von Empathie und als Ergänzung der Definition nur einige Unterscheidungen zu den eben genannten Konstrukten getroffen werden.

Sowohl die *kognitive Perspektivenübernahme* als auch die *Theory of Mind* beziehen sich, wie aus den Begriffen bereits hervorgeht, in erster Linie auf den kognitiven Prozess des Hineinversetzens in eine andere Person und gehen nicht zwingend mit denselben Gefühlen einher. Somit wäre die erste Bedingung nach de Vignemont und Singer (2006) nicht erfüllt, denn es erfolgt keine emotionale Involvierung im Zustand des Gegenübers.

Beim Phänomen der *Gefühlsansteckung* sind zwar die ersten beiden Kriterien nach de Vignemont und Singer (2006) erfüllt, jedoch ist dem Beobachter nicht bewusst, dass der Ursprung seines emotionalen Zustandes sich in einer anderen Person befindet. Auch Preston und de Waal (2002) weisen darauf hin, dass zwar derselbe interne Zustand erreicht wird, jedoch die Abgrenzung zwischen einem selbst und der anderen Person aufgehoben wird. Ein klassisches Beispiel für die Gefühlsansteckung liefern de Vignemont und Singer (2006) indem sie beschreiben, das Babys anfangen zu weinen, weil andere Babys weinen, ohne sich notwendigerweise darüber bewusst zu sein, dass sie aufgrund des anderen weinen.

Der deutsche Begriff *Sympathie* umschreibt laut Staemmler (2008) die Zuwendung und Zuneigung für eine andere Person. Es handelt sich hierbei um eine „emotional positiv gefärbte Einstellung, die durchaus oberflächlich bleiben kann und nicht unbedingt ein nennenswertes empathisches Engagement erfordert" (Staemmler, 2008, S. 28), jedoch kann eine vorhandene Sympathie zu einer empathischen Reaktion führen (Staemmler, 2009) und andersherum kann sich aus der Erfahrung der Empathie eine Sympathie für die betroffene Person entwickeln (Decety & Lamm, 2006). De Vignemont und Singer (2006) betonen, dass Sympathie ähnlich wie Empathie dazu führt, dass man sich in einem affektiven Zustand, ausgelöst durch eine andere Person, befindet, jedoch müssen sich die beiden Zustände nicht gleichen, womit die zweite Bedingung für Empathie nicht erfüllt wäre.

2.3 Definition von Mitgefühl

Laut Singer und Klimecki (2014) ist die psychologische Fähigkeit des Mitgefühls charakterisiert durch ein Gefühl der Wärme, Barmherzigkeit, Anteilnahme und Sorge um eine andere Person, gekoppelt mit einer starken Motivation, den Zustand der Person zu verbessern. Damit Mitgefühl entstehen kann, muss die jeweilige Person sich zunächst in sein Gegenüber hineinversetzen und dessen Emotionen verstehen.

Der deutsche Begriff Mitgefühl wird dem englischen Begriff *compassion* gleichgesetzt, welches aus dem lateinischen *com* (mit, gemeinsam) und *pati* (leiden) abstammt. Auch der englische Begriff *sympathy* wird synonym verwendet für die Übersetzung von Mitgefühl.

Goetz, Keltner und Simon-Thomas (2010) fügen die Begriffe *sympathy*, Mitleid und empathische Teilhabe als Subkategorien von Mitgefühl ein, da es sich dabei um verwandte Zustände handelt. Alle vier Begriffe teilen zentrale Merkmale, wie die Besorgnis und das daraus resultierende Anliegen, das Leid eines anderen Individuums zu lindern. Das Mitgefühl wird üblicherweise als die Emotion angesehen, aus der prosoziale Interventionen und Hilfeleistungen entspringen (Bischof-Köhler, 2006).

Laut Staemmler (2009) gibt es mindestens zwei Arten von Mitgefühl. Die erste Art von Mitgefühl basiert konkret auf der Vorstellung dessen, was eine leidende Person oder Personengruppe fühlt und erlebt, gekoppelt mit einem Gefühl von Wohlwollen für die leidende Person und einer daraus resultierenden Stellungnahme, zum Beispiel durch Trost spenden. Die zweite Art von Mitgefühl hingegen ist weitergefasst und es handelt sich dabei um eine grundlegende Haltung gegenüber allen Lebeweisen, bei der die Bemühung vorliegt, seine eigene Lebensführung so zu gestalten, dass das Leben aller Lebewesen positiv beeinflusst wird, vorhandenes Leid verringert wird und generell weniger Leid entsteht. Diese Art von Mitgefühl wird beispielsweise von buddhistischen Mönchen weltweit praktiziert und ist Teil ihrer Lebensphilosophie (vgl. Singer & Bolz, 2013). Außerdem spielt Mitgefühl eine fundamentale Rolle in den meisten Religionen und weltlichen Ethiken (Singer & Klimecki, 2014).

Singer und Bolz (2013) treffen eine wichtige Unterscheidung von Mitgefühl und der verwandten Emotion Mitleid. Mitleid wird oft mit Mitgefühl verwechselt und beschreibt ein Gefühl des Bedauerns über das eigene Unglück oder das Leid anderer. Im Gegensatz zum Mitgefühl ist das Mitleid jedoch nicht hilfreich, denn es erzeugt ein Gefühl der eigenen Überlegenheit und „blockiert zudem die eigenen Impulse und Aktivitäten, das Leid in einer angemessenen Weise zu lindern, und kann Leid sogar noch vermehren" (Singer & Bolz, 2013, S.165).

2.4 Unterschiede und Zusammenhänge von Empathie und Mitgefühl

Staemmler (2008) fasst die Beziehung zwischen Empathie und Mitgefühl mit folgenden Worten zusammen: „Das traditionelle Verständnis von Empathie und der (...) Begriff des Mitgefühls haben (...) etwas Gemeinsames und unterscheiden sich zugleich" (S.29). Beide Konstrukte haben scheinbar einige Überschneidungen, was durch ihre häufige Gleichsetzung unterstrichen wird. Empathie und Mitgefühl teilen Elemente wie die Anteilnahme, Betroffenheit und die Sorge um das Wohlergehen anderer Personen. Hierbei wird jedoch häufig übersehen, dass das Gefühl, welches sich beim Anblick des Leides einer anderen Person entwickelt, bei Empathie und Mitgefühl unterschiedliche Ausmaße annehmen kann.

Singer und Lamm (2009) betonen, dass man sowohl bei der Empathie, als auch beim Mitgefühl indirekt durch eine andere Person ausgelöst etwas fühlt; es handelt sich hierbei jedoch nicht um dieselben Gefühle. Wenn für eine traurige Person Empathie empfunden wird, dann resultiert dies in Trauer bei einem selbst, wogegen das Mitgefühl mit einer trauernden Person keine Traurigkeit in einem selbst auslöst, sondern eher in Gefühlen wie Bedauern oder mitfühlende Anteilnahme mündet. Als weiteres Beispiel für die Unterscheidung führen Singer und Lamm (2009) die Tatsache an, dass eine Person nicht eifersüchtig auf sich selbst sein kann, wenn sie bemerkt, dass jemand anderes auf sie eifersüchtig ist, sie könnte jedoch Mitgefühl für die eifersüchtige Person empfinden.

Des Weiteren ist Empathie nicht zwingend verknüpft mit der Motivation zu prosozialen Handlungen zur Verbesserung des Wohlergehens einer anderen Person, wogegen eine solche Verbindung zwischen prosozialem Verhalten und Mitgefühl besteht (Hein & Singer, 2008).

Singer und Klimecki (2014) stellen fest, dass Mitgefühl im Gegensatz zur Empathie nicht bedeutet, dass man das Leid eines anderen auf dieselbe Art und Weise teilt, sondern eher darauf bedacht ist, das Wohlbefinden der anderen Person zu steigern. Beim Mitgefühl geht es demnach eher darum, etwas *für* eine Person zu fühlen statt dasselbe *mit* ihr zu fühlen. Das zweite Kriterium für das Bestehen von Empathie nach de Vignemont und Singer (2006) ist somit nicht erfüllt.

Trotz dieser Unterscheidungen hängen die beiden Konstrukte insofern zusammen, als dass sie ineinander übergehen können (siehe Abb. 1). Laut Singer und Klimecki (2014) ist Empathie die Grundlage für weitere Reaktionen, die aus der Anteilnahme resultieren können. Zum einen, ein auf das Gegenüber gerichtete Mitgefühl, z.B. für dessen missliche Lage und zum anderen, ein auf das Selbst bezogene, unangenehme Gefühl der Betroffenheit, dem sogenannten Disstress. Decety und Lamm (2006) beschreiben Disstress als eine aversive, selbstfokussierte emotionale Reaktion zum Begreifen des emotionalen Zustandes einer anderen Person. Diese Reaktion wird begleitet von einem Drang, der Situation auszuweichen, um sich selbst vor den negativen Gefühlen zu schützen (Singer & Klimecki, 2014).

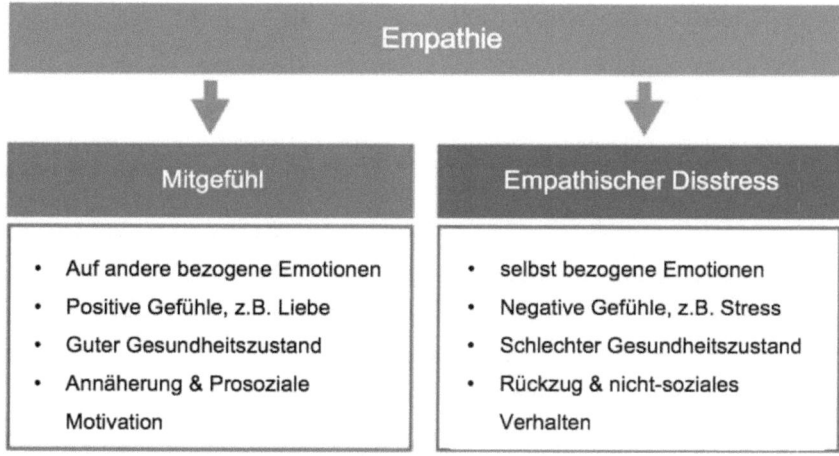

Abbildung 1. Mitgefühl und empathischer Disstress. Schematisches Model zur Unterscheidung von zwei empathischen Reaktionen auf das Leid anderer Personen (in Anlehnung an Singer & Klimecki, 2014).

Während das Mitgefühl von positiven Gefühlen begleitet wird, kann der empathische Disstress im Falle negativer Emotionen zu einem unangenehmen Zustand führen, der die Gesundheit beeinträchtigt. Sowohl Batson & Ahmad (2009), als auch Eisenberg (2000) konnten mit ihren Forschungen bestätigen, dass Personen, die Mitgefühl in einer Situation empfinden, öfter helfen, als Personen, die unter empathischen Disstress leiden. Daher suggerieren Hein und Singer (2008), dass es sinnvoll wäre, Empathie, insbesondere in negativen Situationen, in Mitgefühl umzuwandeln, damit prosoziale Motivation entstehen kann.

Da diese beiden emotionalen Reaktionen sehr unterschiedliche Resultate zur Folge haben können, ist es von großer Bedeutung ein Verständnis dafür zu entwickeln, welche Faktoren diese verschiedenen sozialen Emotionen determinieren und mehr darüber herauszufinden, ob und wie man diese emotionalen Reaktionen trainieren und verändern kann (Singer & Klimecki, 2014).

3 Messung von Empathie und Mitgefühl

Um die Fähigkeiten Empathie und Mitgefühl erforschen zu können, ist es zunächst wichtig, Methoden zu etablieren, wie diese gemessen werden können. Neben neuropsychologischen Messungen mithilfe der funktionellen Magnetresonanztomographie (fMRT) kommen im Bereich der Forschung zahlreiche Testverfahren, die vor allem auf psychologischen Parametern beruhen, zum Einsatz. Zu diesen Testverfahren gehören beispielsweise Verhaltensbeobachtungen (Knafo, Zahn-Waxler, van Hulle, Robinson & Rhee, 2008; Long, Angera & Hakoyama, 2006), experimentelle Paradigmen (Birch & Bloom, 2007; Mohr, Rowe & Blanke, 2010; Thakkar & Park, 2010) und die Messung von biologischen Markern (Dziobek et al., 2011; Marci, Ham, Moran & Orr, 2007).

Im Folgenden werden zwei bekannte Selbstbeurteilungsfragebögen und ein filmbasiertes Verfahren vorgestellt. Diese Testverfahren werden in der Forschung überwiegend zur Messung von Empathie eingesetzt. Da keine hinreichende Unterscheidung zu dem Konstrukt des Mitgefühls etabliert ist, gibt es kaum populäre psychologische Verfahren zur Messung von Mitgefühl.

3.1 Interpersonal Reactivity Index (IRI)

Der Interpersonal Reactivity Index (IRI) von Davis (1983) ist ein Selbstbeurteilungs- Fragebogen zur Erfassung der Empathiefähigkeit und gehört zu den in der Praxis am häufigsten verwendeten Empathiefragebögen (Paulus, 2009). Da Empathie als ein komplexes und multidimensionales Konstrukt mit sowohl kognitiven, als auch affektiven Komponenten gesehen wird, versucht dieser Test die Empathie ganzheitlich zu erfassen, um individuelle Unterschiede in der Empathiefähigkeit differenzieren zu können.

Der Fragebogen besteht aus 28 Items (siehe Anhang 1) mit den folgenden vier Skalen zu je sieben Items (Davis, 1983):

1. perspective taking - (PT), Beispielitem: *I try to look at everybody's side of a disagreement before I make a decision.*
2. fantasy - (F), Beispielitem: *I really get involved with the feelings of the characters in a novel.*
3. empathic concern - (EC), Beispielitem: *I often have tender, concerned feelings for people less fortunate than me.*

4. personal distress - (PD), Beispielitem: *In emergency situations, I feel apprehensive and ill-at-ease.*

Die Skala *perspective taking* bewertet die Fähigkeit, sich in die Sichtweisen anderer Personen hineinversetzen zu können. Die Skala *fantasy* bewertet die Begabung, sich gedanklich in eine fiktive Situation zu begeben und sich mit der Situation und den Gefühlen von fiktiven Charakteren zu identifizieren. Die Skala *empathic concern* bewertet die Neigung, sich um andere zu sorgen und Mitgefühl und Anteilnahme empfinden zu können. Die Skala *personal distress* misst das Ausmaß negativer Gefühle, wie Angst, Besorgnis und Unwohlsein in schwierigen sozialen Situationen.

Die Skalen *perspective taking* und *empathic concern* weisen eine positive und *perspective taking* und *distress* eine negative Korrelation miteinander auf. Zudem korrelieren die Skalen *fantasy* und *empathic concern* positiv miteinander (Davis, 1983).

Laut Rogers, Dziobek, Hassenstab, Wolf & Convit (2007) ist von Davis kein Gesamtscore zur Bestimmung der allgemeinen Empathie vorgesehen, da die einzelnen Komponenten als weitestgehend unabhängig voneinander betrachtet werden können. Die Reliabilität liegt zwischen .63 und .77 und kann somit als gut angesehen werden (Davis, 1983; Lauterbach & Hosser, 2007). Auch die interne Konsistenz mit einem Cronbach's Alpha von .70 bis .70 liegt in einem guten Bereich (Davis, 1983).

3.2 Saarbrücker Persönlichkeitsfragebogen (SPF)

Der Saarbrücker Persönlichkeitsfragebogen (SPF) von Paulus (2009) ist die deutsche Übersetzung und Überarbeitung des Interpersonal Reactivity Index (IRI) von Davis (1983). Beim SPF handelt es sich um eine verkürzte und teilweise umformulierte Version des Selbstbeurteilungsfragebogens zur Messung von Empathie mit 16 Items (siehe Anhang 2). Die Testpersonen geben in einer Selbsteinschätzung auf einer fünfstufigen Ratingskala von „trifft gar nicht zu" bis „trifft sehr gut zu" an, inwieweit die Aussagen auf sie zutreffen.

Die Items können wie beim Interpersonal Reactivity Index (IRI) (Davis, 1983) den folgenden vier Subskalen zugeordnet werden:

1. Perspektivenübernahme - (PÜ), Beispielitem: Ich versuche, bei einem Streit zuerst beide Seiten zu verstehen, bevor ich eine Entscheidung treffe.

2. Fantasie - (FA), Beispielitem: *Die Gefühle einer Person in einem Roman kann ich mir sehr gut vorstellen.*
3. Empathische Anteilnahme - (EA), Beispielitem: *Ich würde mich selbst als eine ziemlich weichherzige Person bezeichnen.*
4. Empathischer Disstress - (ED), Beispielitem: *In einer gespannten emotionalen Situation zu sein, macht mir Angst.*

Ähnlich wie beim Interpersonal Reactivity Index (IRI) (Davis, 1983) werden beim SPF (Paulus, 2009) die Empathie-Faktoren aufgeteilt in einen kognitiven Faktor (PÜ) und drei emotionalen Faktoren (EA, FA, ED). Zur Vereinfachung der Auswertung wurden negativ formulierte Fragen umgewandelt in positiv formulierte Items.

Mit einem Split-half-Koeffizienten von .832 kann die Reliabilität im Vergleich zu anderen Persönlichkeitsfragebögen als hoch bewertet werden (Paulus, 2009). Auch die faktorielle Validität sowie die Itemtrennschärfe können als gut angesehen werden. Die interne und externe Validität konnte aufgrund des Vergleiches mit anderen Fragebögen zur Erfassung von Empathie sowie mit einer Selbsteinschätzung von 745 Probanden bezüglich ihrer Empathie bestätigt werden (Paulus, 2009).

3.3 Movie for the Assessment of Social Cognition (MASC)

Mehrere Studien zeigen, dass sich insbesondere filmbasierte Verfahren zur Erfassung der Emotionserkennung und Empathie eignen, da sie multimodal, kontextbezogen und ökologisch valider sind (Dziobek et al., 2006; Dziobek et al., 2008; Golan, Baron-Cohen & Hill, 2006).

Der Movie for the Assessment of Social Cognition (MASC) von Dziobek et al. (2006) ist ein Verfahren zur Messung der kognitiven Empathiefähigkeit. Den Probanden wird ein fünfzehnminütiger Kurzfilm gezeigt und sie werden aufgefordert, sich in die darstellenden Charaktere hineinzuversetzen und Fragen zu ihren Gedanken (7 Items), Emotionen (17 Items) und Intentionen (18 Items) zu beantworten. Ein Beispielitem lautet *What is Michael thinking?* (Was denkt Michael?)

Der MASC weist eine gute interne Konsistenz mit einem Cronbach's Alpha von .84 auf und kann als reliabel angesehen werden (Dziobek et al., 2006).

4 Unterschiede von Empathie und Mitgefühl auf weiteren Ebenen

4.1 Neuronale Grundlagen und Unterschiede

Die Erforschung der Empathie ist in den letzten Jahrzehnten zu einem Kernthema der kognitiven und affektiven Neurowissenschaften geworden und erfährt aufgrund immer neuerer Erkenntnisse eine naturwissenschaftliche Fundierung (Derntl, 2012). Bildgebende Verfahren, wie die funktionelle Magnetresonanztomographie (fMRT) ermöglichen unterschiedliche Domänen der Empathie zu ergründen und die affektiven und kognitiven Komponenten neuroanatomisch zu lokalisieren. Da über das Konstrukt der Empathie kein Konsens besteht, gibt es verschiedene Ansätze ihrer Messung.

Das Ziel der neurowissenschaftlichen Forschung liegt insbesondere in der Erkenntnis, wie Empathie im Gehirn verarbeitet wird und welche Strukturen beteiligt sind. Daraus sollen Ansätze für die Erklärung von interindividuellen Unterschieden der empathischen Fähigkeiten sowie mögliche Anwendungsmöglichkeiten für Prävention und Intervention gewonnen werden.

In der Untersuchung der neuronalen Korrelate der Empathie spielt das limbische System (siehe Abb. 2) eine zentrale Rolle (Bähr & Frotscher, 2014). Die Strukturen des limbischen Systems unterscheiden sich nach verschiedenen Autoren. Laut Schandry (2011) gilt das limbische System als primäres Emotionsverarbeitungssystem und bildet die anatomische Basis für emotionale Reaktionen. Zudem wird es als Struktur beschrieben, die im Zusammenhang mit empathischen Fähigkeiten steht und vor allem bei der Prozessierung emotionaler Gesichtsausdrücke aktiviert ist (Carr, Iacoboni, Dubeau, Mazziotta & Lenzi, 2003; Derntl et al., 2008).

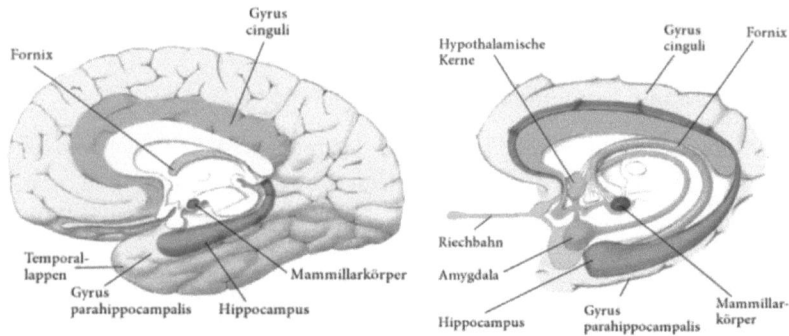

Abbildung 2. Das limbische System in zwei Ansichten.
Links Gesamthirn im Medianschnitt, rechts Sagittalschnitt, von der Mittellinie seitlich versetzt (Schandry, 2011, S. 144).

Die neurowissenschaftlichen Untersuchungen der Empathie wurde durch die Entdeckung der Spiegelneuronen angeregt, als Gallese, Fadiga, Fogassi und Rizzolatti (1996) beweisen konnten, dass bei Affen dieselben Neuronen im prämotorischen Kortex und im inferioren Parietallappen aktiviert wurden, wenn sie zielgerichtete Handlungen selbst ausführen oder nur beobachten. Durch bildgebende Verfahren konnten diese durch Spiegelneuronen ausgelösten Reaktionen bei der Beobachtung von Gesichtsausdrücken und Handlungen auch im menschlichen Gehirn nachgewiesen werden (Iacoboni et al., 2005).

Laut Pfeifer und Dapretto (2009) heben diese Erkenntnisse die wichtige Rolle der Spiegelneuronen für die Entstehung von Empathie hervor, da diese einen neuronalen Mechanismus bereitstellen, mithilfe dessen Menschen in der Lage sind, die Emotionen, Intentionen und mentalen Zustände anderer zu verstehen.

Dies konnten Pfeifer und Dapretto (2009) in einer fMRT Studie nachweisen, bei der die Versuchspersonen verschiedene emotionale Gesichtsausdrücke imitieren oder nur beobachten sollten. Anschließend wurde eine modifizierte Version des Interpersonal Reactivity Index (IRI) ausgefüllt. Die Ergebnisse zeigten positive Korrelationen zwischen den Empathiewerten und den Aktivitäten der Spiegelneuronen im präfrontalen Kortex und der Amygdala während der Beobachtung und der Imitation der Gesichtsausdrücke.

Iacoboni et al. (2005) erklären den Vorgang in ihrem neurobiologischen Modell der Empathie, indem sie davon ausgehen, dass durch die Simulation eines Gesichtsausdruckes Spiegelneuronen aktiviert werden. Hierauf kommt es zur

Repräsentation des affektiven Zustandes in der anterioren Insula (AI), die eine Verbindung zwischen dem Spiegelneuronensystem (Brodmann-Areal 44) und dem limbischen System darstellt, wo wiederum die Verarbeitung der Emotionen in der Amygdala stattfindet.

In der neuronalen Entstehung der Empathie spielt der rechte temporoparietale Übergang (engl. *temporoparietal junction*; TPJ) eine weitere Schlüsselrolle (Decety & Lamm, 2009). Durch Untersuchungen konnte bestätigt werden, dass es für die Ich-Andere Unterscheidung wesentlich ist und somit die Erkenntnis bringt, dass die übernommenen Gefühle ihren eigentlichen Ursprung in der beobachteten Person haben (Lamm & Singer, 2010).

Eine weitverbreitete Methode zur Untersuchung von empathischen Reaktionen in den sozialen Neurowissenschaften ist die Observation von Hirnaktivitäten in Schmerz-, Berührungs- und Geruchsdomänen des menschlichen Gehirns mittels bildgebender Verfahren (Decety & Lamm 2006; de Vignemont & Singer 2006; Lamm, Decety & Singer, 2011; Singer & Leiberg, 2009) (siehe Abb. 3).

Singer et al. (2004) demonstrierten mit ihrer Untersuchung an sechzehn verschiedenen Paaren, dass die Wahrnehmung eines Schmerzreizes am eigenen Körper die gleichen neuronalen Areale aktiviert, wie die Beobachtung des gleichen Schmerzreizes beim Partner (siehe Abb. 3 c-g). Es konnte festgestellt werden, dass beide Bedingungen zu überlappenden Aktivierungen in der anterioren Insula (AI) und dem anterioren cingulären Kortex (engl. *anterior cingulate cortex;* ACC) führten.

Zur Erfassung der Empathiewerte der Versuchspersonen wurde unter anderem die Subskala *empathic concern* des Interpersonal Reactivity Index (IRI) genutzt. Diejenigen, die höhere Werte auf den Empathieskalen erzielten, wiesen stärkere Aktivierungen in der AI und im ACC auf, wenn ihrem Partner Schmerzen zugefügt wurde. Basierend auf diesen Ergebnissen bezeichnen Lamm und Singer (2010) die anteriore Insula (AI) und den anterioren cingulären Kortex (ACC) als zentrale Netzwerke der Empathie.

Wicker et al. (2003) und Jabbi, Swart und Keysers (2007) konnten mit ähnlichen Studien über die Hervorrufung von Ekel durch unangenehme Gerüche und dem Beobachten eines Gesichts, welches Ekel ausdrückt, ebenfalls die überlappende Aktivierung in der AI in beiden Situationen aufweisen (siehe Abbildung 3 a).

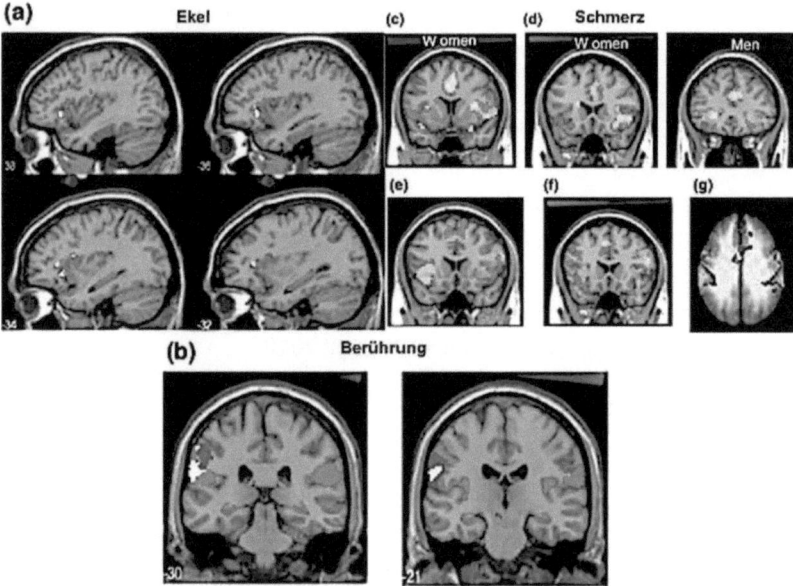

Abbildung 3. Überlappende Gehirnaktivitäten in fMRT-Studien über empfundene Empathie für Ekel,
Berührung und Schmerz (a) Überlappende Aktivität in AI hervorgerufen durch das Riechen von ekelerregenden Gerüchen (rot) und bei der Beobachtung einer anderen Person, die dasselbe riecht (blau). (b) Geteilte Aktivierung in SII, bei einer Berührung am eigenen Bein (rot) oder beim Betrachten eines Beins, das berührt wird (blau). (c)-(g) Überlappende Aktivität in AI und ACC beim Erhalten von schmerzhaften Stimuli (grün) oder beim Fühlen von Empathie für eine Person, die Schmerzen empfindet (rot) (de Vignemont & Singer, 2006).

Laut Lamm und Singer (2010) scheint die AI in der Verarbeitung sozialer Emotionen, wie Empathie und Mitleid und interpersonellen Phänomenen, wie Fairness und Kooperation, eine wichtige Rolle zu spielen. Die Bedeutung der AI für die Empathie zeigt sich beispielsweise durch die Studie von Sterzer, Stadler, Poustka und Kleinschmidt (2007), die nachweisen konnten, dass Jugendliche mit Verhaltensstörungen eine signifikante Reduktion der grauen Hirnmasse im bilateralen anterioren insulären Kortex aufwiesen. Das Volumen der AI korrelierte signifikant positiv mit den Empathiewerten der Versuchspersonen.

Ebenso interessant für die Entstehung von Empathie ist die Rolle des ACC, welcher bei Aufmerksamkeitsprozessen involviert ist (Nomi et al., 2008) und bei der Beobachtung und Vorstellung des affektiven Zustandes anderer Personen wesentlich beteiligt ist.

Während die neuralen Grundlagen der Empathie seit über einem Jahrzehnt bereits erforscht werden, befinden sich die neurowissenschaftlichen Untersuchungen bezüglich des Mitgefühls noch am Anfang. Trotz der limitierten Anzahl an Studien, die das Mitgefühl auf neuronaler Ebene untersucht haben, kamen einige wertvolle Ergebnisse zustande (Vrtička, Favre & Singer, 2017).

In einer Studie von Singer (2013) wurde untersucht, ob sich Empathie durch Meditationstechniken kultivieren lässt. Hierfür wurde das Gehirn eines erfahrenen Meditierenden untersucht, der durch die Meditation in der Lage war, sowohl in empathische, als auch in mitfühlende Zustände zu versinken beim Anblick von Abbildungen leidender Kinder. Diese Tatsache ermöglichte, beide Zustände im fMRT näher zu betrachten und potentielle Unterschiede zu entdecken. Die Ergebnisse zeigten, dass beim Kultivieren von Mitgefühl ein anderes neuronales Netzwerk beteiligt war, als das in früheren Empathie-für-Schmerz-Studien beobachtet werden konnte und durch die Empathie aktiviert wurde (Fan, Duncan, de Greck & Northoff, 2011; Klimecki, Leiberg, Ricard & Singer, 2014; Lamm et al., 2011; Singer, 2013).

Auf diese und weiteren Studien basierend (Beauregard, Courtemanche, Paquette & St-Pierre, 2009; Kim et al., 2009; Klimecki, Leiberg, Lamm & Singer, 2013) führten Klimecki et al. (2014) eine Kurzinterventionsstudie durch, bei der eine Gruppe von Versuchspersonen erst in Empathie geschult wurden und nach einem anschließenden Test ein Mitgefühlstraining, basierend auf Meditationstechniken, erhielten. Beide Male wurden die Gehirnaktivitäten der Teilnehmer mittels fMRT untersucht und es konnte beobachtet werden, wie das Empathietraining zu erhöhten Aktivitäten in der AI und im ACC führte. Dieses Resultat geht einher mit den Ergebnissen vorheriger Studien über die Rolle der AI und dem ACC für die Schmerzempathie (Fan et al., 2011; Lamm et al., 2011).

Interessanterweise wurden durch das Mitgefühl andere Gehirnaktivierungen als durch Empathie sichtbar (siehe Abb. 4). Hier waren eher Aktivierungen im medialen orbitofrontalen Kortex, im ventralen Striatum und im pregenualen anterioren Gyrus cinguli zu beobachten. Diese Strukturen formen laut Klimecki et al. (2014) ein Netzwerk, welches mit positiven Emotionen, Zugehörigkeit, Liebe und Belohnung in Verbindung gebracht werden.

Klimecki et al. (2014) konnten mit ihrer Studie also nachweisen, dass Empathie stärkere Aktivierungen in neuronalen Arealen, die am negativen Affekt und an der Schmerzempathie beteiligt sind, hervorruft, wogegen Mitgefühl neuronale

Aktivität aufzeigt, die mit Zugehörigkeit, Liebe und positiven Emotionen verbunden ist.

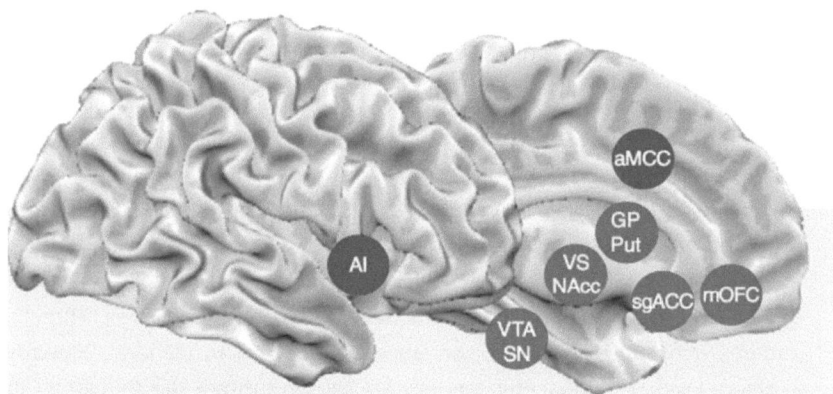

Abbildung 4. Empathienetzwerk
(blau) und Mitgefühlsnetzwerk (rot). (Singer & Klimecki, 2014).
Blau: AI (anteriore Insula), aMCC (anteriorer mediacingulärer Kortex)
Rot: GP Put (Globus pallidus putamen), VS (ventrales Striatum), NAcc (Nucleus accumbens), VTA (ventrales Tegmentum), SN (substantia nigra), sgACC (subgenuales anteriores Cingulum), mOFC (medialer orbitofrontaler Konrtex)

4.2 Kulturelle Unterschiede

Wie Menschen auf das Leid anderer reagieren hängt von unterschiedlichen Faktoren, wie die interpersonelle Beziehung und die Länge der Beziehung (Avenanti, Bueti, Galati & Aglioti, 2005; Avenanti, Sirigu & Aglioti, 2010; Singer et al., 2006), ihrer Motivation (Pickett, Gardner & Knowles, 2004) und dem Geschlecht (Klein & Hodges, 2001) ab. Neben der elterlichen Erziehung und dem Einfluss der Sozialisation bildet der kulturelle Hintergrund einen Rahmen, der die Wertigkeit von Mitgefühl, altruistischem Verhalten und empathischen Reaktionen, sowie die Intensität und Häufigkeit ihres Auftretens bestimmt (Atkins, Uskul & Cooper, 2016; Kienbaum, 2014).

Atkins et al. (2016) beschäftigten sich in einer umfangreichen Studie mit potentiellen kulturellen Unterschieden bezüglich der Empathiefähigkeit und empfundenem Disstress. Sie untersuchten sowohl die affektive als auch die kognitive Komponente der Empathie, einschließlich negativer Gefühle als Maß für persönlichen Disstress, empathischer Teilhabe und die empathische Fähigkeit, die Gefühle anderer akkurat einschätzen zu können zwischen westlichen und ostasiatischen Kulturen. Es konnte nachgewiesen werden, dass Teilnehmer mit ostasiatischer Herkunft und britische Teilnehmer sich in sowohl ihren affektiven als auch kognitiven Komponenten der empfundenen Empathie unterscheiden. Im Vergleich zu den ostasiatischen Teilnehmern zeigten die britischen Teilnehmer zwar mehr empathische Anteilnahme, jedoch konnten sie die Emotionen der beobachteten Personen weniger akkurat einschätzen.

Ausgehend von der Tatsache, dass sich das Selbstbild und die Wertigkeit von interpersonellen Beziehungen in verschiedenen Kulturen unterscheiden, nehmen Atkins et al. (2016) an, dass dies auch einen Einfluss auf die Empathiefähigkeiten hat. In westlichen Kulturen wird das Selbst als eine unabhängige Persönlichkeit gesehen und definiert sich durch die eigenen inneren Attribute, wie Vorlieben, Wünsche und Charaktereigenschaften (Kitayama, Duffy & Uchida, 2007; Markus & Kitayama, 1991). Im Gegensatz dazu wird in ostasiatischen Kulturen das Selbst typischerweise als ein Teil der Gemeinde gesehen, die ihre interdependenten und zwischenmenschlichen Verbindungen pflegen und definiert sich durch diese sozialen Beziehungen (Kitayama et al., 2007; Markus & Kitayama, 1991).

In einer anderen Studie untersuchten Chan, Chung & Cassels (2010) kulturelle Unterschiede der Empathie zwischen ostasiatischen, europäischen und kanadischen Jugendlichen mithilfe des Interpersonal Reactivity Index (IRI). Die Studie ergab, dass die Jugendlichen aus den westlichen Kulturen mehr empathische Teilhabe, aber weniger Disstress empfanden als die Asiaten. Chan et al. (2010) begründeten ihre Ergebnisse mit der Annahme, dass die westlichen Jugendlichen in ihren emotionalen Reaktionen mehr an anderen orientiert sind, als die Asiaten.

In einer Beobachtungsstudie untersuchten Trommsdorff, Friedlmeier und Mayer (2007) empathische Reaktionen, prosoziales Verhalten und Disstress von Vorschulkindern aus vier unterschiedlichen kulturellen Gruppen (Deutschland, Israel, Indonesien und Malaysia). Ihre Untersuchungen ergaben, dass die Kinder aus den asiatischen Kulturen mehr Disstress und weniger prosoziales Verhalten zeigten, als die Kinder aus den westlichen Kulturen. In Bezug auf die empathische Teilhabe ließen sich keine kulturellen Unterschiede feststellen.

Eine ähnliche Beobachtungsstudie zeigte, dass zweijährige japanische Kinder mehr Disstress zeigten und weniger fähig waren, ihre Emotionen zu regulieren im Vergleich zu den zweijährigen deutschen Kindern (Friedlmeier & Trommsdorff, 1999). Diese kulturspezifischen Ergebnisse interpretieren Friedlmeier und

Trommsdorff (1999) als eine Konsequenz von verschiedenen sozialisationsbedingten Überzeugungen und Praktiken. Deutsche Mütter legen im Vergleich zu japanischen Müttern mehr Wert auf frühe Selbstbestimmung ihrer Kinder. Daher waren die deutschen Kinder eher dazu in der Lage, ihre negativen Emotionen zu regulieren, indem sie aktiv nach mütterlicher Unterstützung suchten.

Ein mögliches Erklärungsmuster für diese Ergebnisse liefert Chiang (2012) mit der Feststellung, dass Menschen aus ostasiatischen Kulturen eher dazu neigen ihre Gefühle, ob positiv oder negativ, zu unterdrücken um die interpersonelle Harmonie aufrecht zu erhalten.

Atkins et al. (2016) postulieren, dass offenbar unterschiedliche Arten von Empathie abhängig vom kulturellen Hintergrund bevorzugt werden, da die westlichen

Teilnehmer mehr die affektive Seite der Empathie und die ostasiatischen Teilnehmer eher die kognitive Komponente der Empathie bevorzugen. Offenbar wird in westlichen Kulturen dem Ausdruck von Mitgefühl mehr Bedeutung beigemessen, wogegen die Asiaten eher darauf bedacht sind, die Gefühle und Gedanken anderer Menschen akkurater nachvollziehen zu können.

4.3 Unterschiede in der Psychotherapie

Die Fähigkeit, sich in eine andere Person hineinzuversetzen und ihr Leid zu teilen, um der Person helfen zu können, ist essentiell und unabdingbar in der Psychotherapie (Hall, Davis & Connelly, 2000). Die Beziehung zwischen Psychotherapeuten und den Patienten ist dadurch maßgeblich geprägt und die empathische Reaktion stellt einen wichtigen Faktor für den Therapieerfolg dar (Elliot, Bohart, Watson & Greenberg, 2011; Luborsky, 1988; Preston & de Waal, 2002; Wynn & Wynn, 2006).

Auch im psychotherapeutischen Kontext besteht kein eindeutiger Konsens über die Definition von Empathie und es gibt keine klare Abgrenzung zu Mitgefühl und Sympathie (Batson, 2009; Bohart & Greenberg, 1997). Während das Teilen von Freude ein angenehmer Zustand ist, kann das Teilen von Leid oftmals schwierig sein, besonders wenn die Abgrenzung zwischen einem selbst und der anderen Person verschwimmt. Solch eine Form von geteilten Disstress kann eine große Herausforderung darstellen, besonders für Angehörige von Heilberufen, wie Ärzte, Therapeuten und Krankenschwestern (Singer & Klimecki, 2014).

Welchen Stellengrad die Empathie in der Psychotherapie einnimmt wird vor allem in der *klientenzentrierten Psychotherapie* von Carl Rogers verdeutlicht. Laut Rogers (1989) ist die empathische Bezogenheit des Therapeuten auf den Klienten neben der Kongruenz und Akzeptanz eine notwendige Bedingung für jeden Therapieerfolg, zu dem ein Therapeut beizutragen hat. Nach Rogers (1989) bedeutet Empathie aus Sicht des Therapeuten das innere Bezugssystem des Patienten zu übernehmen und die Welt von der Perspektive des Patienten zu sehen. Dabei ist es für den Therapeuten wichtig, eine „als ob"-Position beizubehalten, das bedeutet, dass der Therapeut die Gefühle des Patienten zwar mit ihm teilt, sich dabei jedoch bewusst ist, dass die Gefühle und Gedanken des Patienten nicht seine eigenen sind, sondern er sie nur so wahrnimmt, „als ob" sie ihn beträfen. Wenn der Therapeut nämlich das Verständnis der „als ob"-Position verlieren würde, würde er sich im Zustand der Identifikation befinden (Rogers, 1989), was laut Singer und Klimecki (2014) in empathischen Disstress enden könnte und somit die Gesundheit des Therapeuten beeinträchtigen würde. Auch Bohart und Greenberg (1997) betonen, dass eine emotionale Überidentifikation des Therapeuten mit dem Patienten, ausgelöst durch das Empfinden derselben Gefühle, kontraproduktiv in der Therapie sein kann.

Um zu vermeiden, dass das Teilen von Leid sich in Disstress umwandelt, empfehlen Singer und Klimecki (2014) auf den negativen Zustand anderer mit Mitgefühl zu reagieren statt mit Empathie. Dies ist besonders für Therapeuten ratsam, da sie sich selbst schützen sollten und ihr Berufsbild prosoziale Intervention verlangt, welches durch das Empfinden von Mitgefühl angeregt wird (Bischof-Köhler, 2006).

Die Anwendung von Mitgefühl statt Empathie in der Therapie wirkt sich auch auf die selbst wahrgenommene Wirksamkeit und Zufriedenheit der Therapeuten aus. Hall et al. (2000) konnten mit ihrer Studie zeigen, dass es einen Zusammenhang zwischen dispositionaler Empathie und der selbst wahrgenommenen Effektivität und Zufriedenheit von Therapeuten gibt. Therapeuten, die ein niedrigeren Wert bei persönlich empfundenen Disstress angaben, schätzten sich selbst als effektiver und zufriedener in ihrer therapeutischen Arbeit ein. Die Zufriedenheit mit der Therapie korrelierte positiv mit empathischer Anteilnahme, gleichzusetzen mit dem Mitgefühl, und Perspektivenübernahme. Therapeuten, die dazu tendieren, Mitgefühl für das Leid anderer zu verspüren, ohne dass sie dabei selbst Leid und Disstress empfinden, sind demnach zufriedener und nehmen sich als effektivere Therapeuten wahr.

Laut Hall et al. (2000) sollten Therapeuten Anteil an den Gefühlszuständen ihrer Patienten nehmen und gleichzeitig versuchen, die negative Erregung, die dabei in ihnen entsteht und zu persönlichen Disstress führen kann, zu verhindern. Es sollte also eine therapeutische Haltung eingenommen werden, die dem Therapeuten ermöglicht fürsorglich und mitfühlend zu sein, jedoch gleichzeitig eine gewisse Distanz zu wahren, damit er nicht von den negativen Gefühlen des Patienten überwältigt wird.

Nach Eisenberg (2000) ist die Fähigkeit der Emotionsregulation eine wichtige Voraussetzung, um Mitgefühl statt Disstress empfinden zu können. Personen, die ihre Emotionen optimal regulieren können, verspüren eher Mitgefühl statt empathischen Disstress (Eisenberg, 2000). In verschiedenen Studien konnte gezeigt werden, dass Emotionsregulation positiv mit Mitgefühl korreliert (Eisenberg & Okun, 1996; Okun, Shepard & Eisenberg, 2000).

Hall et al. (2000) konnten nachweisen, dass die unterschiedliche Ausbildung und Berufserfahrung von psychologischen Wissenschaftlern und Therapeuten einen Einfluss auf ihre Empathiefähigkeiten hat. Therapeuten neigten im Gegensatz zu Wissenschaftlern eher dazu, sich in andere hineinzuversetzen, Mitgefühl zu empfinden und gleichzeitig geringeren Disstress zu verspüren, wenn sie mit dem Leid anderer Personen konfrontiert wurden.

Georgi, Petermann und Schipper (2015) kamen zu einem ähnlichen Ergebnis, als sie die Empathiefähigkeiten von Psychologiestudenten und Psychotherapeuten miteinander verglichen. Die Therapeuten erzielten im Vergleich zu den Studenten höhere Werte in der Perspektivenübernahme, was Georgi et al. (2015) zur kognitiven Komponente der Empathie zählen, und niedrigere Werte auf der Skala der Gefühlsansteckung und affektiven Reaktionen, welche eher die affektive Komponente von Empathie repräsentiert. Somit konnte nachgewiesen werden, dass Therapeuten im Umgang mit ihren Patienten weniger Resonanz auf dem emotionalen Level zeigen, was laut Georgi et al. (2015) auf eine erhöhte Emotionsregulationsfähigkeit schließen lässt. Eine mögliche Erklärung für dieses Ergebnis ist die Tatsache, dass die empathischen Fähigkeiten von Therapeuten im Laufe ihrer Ausbildung moduliert werden, da Therapeuten berufsbedingt mit verschiedenen Emotionen in Berührung kommen und für diese, auch zu ihrem Selbstschutz, einen Regulationsmechanismus entfalten. Dieses Ergebnis wird gestützt von Seitz, Gruber, Preusch, Löffler-Stastka (2017), die in ihrer Studie über Medizinstudenten nachweisen konnten, dass die Empathie von Studierenden mit fortlaufendem Studium abnimmt.

Auch Hassenstab et al. (2007) stellten fest, dass das Berufsbild des Therapeuten die Fähigkeit erfordert, die Gedanken und Gefühle anderer Personen nachvollziehen zu können und sich um ihr emotionales Wohlergehen zu sorgen. Auf dieser Annahme basierend postulieren sie, dass Therapeuten eine Gruppe mit fortgeschrittenen Empathiefähigkeiten darstellt.

5 Störung von Empathie

Ein weiterer Ansatz zur Analyse der begrifflichen Bestimmung und zur Erfassung der Relevanz von Empathie ist die Untersuchung psychischer Phänomene, bei denen die Empathiefähigkeit eingeschränkt auftritt oder sogar fehlt.

Blair (2005) geht davon aus, dass Empathie keine einheitliche Kapazität ist, die durch ein einheitliches System vermittelt wird, sondern sich aus einer Vielfalt verschiedener Funktionen zusammensetzt. Obwohl gewisse Überschneidungen zwischen den einzelnen Komponenten der Empathie vorliegen, sollten diese insbesondere bei psychischen Störungen mit Empathie-Dysfunktionen einzeln betrachtet werden.

Im folgenden Kapitel werden drei psychische Phänomene beleuchtet, bei denen die Betroffenen dauerhaft eine eingeschränkte oder fehlende Empathie aufweisen.

5.1 Psychopathie

Viding, McCrory und Seara-Cardoso (2014) definieren Psychopathie als eine Persönlichkeitsstörung, die durch fehlende Empathie und Schuldgefühle, oberflächliche Affekte, manipulatives Verhalten und gewalttätiges und antisoziales Auftreten charakterisiert ist. Butcher, Mineka, Hooley, Plata & Schleider (2009) ordnen Psychopathie als eine Teilkomponente der antisozialen Persönlichkeitsstörung ein. Da Psychopathen für viel Leid in der Gesellschaft verantwortlich sind (Hare, 2003), ist es notwendig, ein besseres Verständnis für die zugrundeliegenden Ursachen dieser Störung zu entwickeln, um frühzeitig Präventions- und Interventionsmaßnahmen ergreifen zu können.

Eine genaue Ursache für Psychopathie ist noch nicht bekannt, jedoch konnte mehrere Zwillingsstudien nachweisen, dass psychopathische Eigenschaften genetisch verankert sind (Blonigen, Carlson, Krueger & Patrick, 2003; Forsman, Lichtenstein, clAndershed & Larsson, 2009; Petermann & Koglin, 2013). Anzeichen von psychopathischen Zügen sind bereits in der frühen Kindheit sichtbar und im Zusammenspiel mit Risikofaktoren, wie beispielsweise Suchterkrankung der Eltern, instabiles Umfeld und Gewalterfahrungen, kann sich die Psychopathie entfalten (Harpur & Hare, 1994; Viding et al., 2014).

Individuen mit Psychopathie zeigen eine deutliche Beeinträchtigung, die Angst und Trauer anderer Menschen zu verarbeiten (Viding et al., 2014). In einem Experiment von Blair, Colledge, Murray & Mitchell (2001) sollten Psychopathen

Gesichtsausdrücke beobachten und die dazugehörigen Emotionen benennen. Es konnte nachgewiesen werden, dass Psychopathen im Vergleich zur gesunden Kontrollgruppe länger brauchten, um die emotionalen Gesichtsausdrücke zu benennen, besonders bei Gesichtsausdrücken, die mit Disstress in Verbindung stehen (Blair et al., 2001).

Laut Hare et al. (1990) ist ein wichtiges Merkmal der Psychopathie der abgeflachte Affekt. Dieser bewirkt, dass Psychopathen weniger emotional auf die Emotionen anderer Personen reagieren und somit eher als gleichgültig erscheinen. So ist bei vielen Menschen mit Psychopathie ein Mangel an Empathie zu beobachten, sogar dann, wenn sie selbst für das Leid eines anderen verantwortlich sind. Soderstrom (2003) spricht in diesem Kontext von einer Empathiestörung, die spezifische Dysfunktionen in Bereichen der kognitiven und emotionalen Einfühlung, Emotion, Charakter und Kommunikation umfasst.

Diese kognitiven Defizite führen zu einer ungehinderten Entwicklung des psychopathischen Fehlverhaltens und den psychosozialen Anpassungsproblemen. Blair (1995) liefert einen Erklärungsansatz für die Verknüpfung von antisozialen Verhaltensweisen und fehlender Empathie. Er geht davon aus, dass bei gesunden Individuen die wahrgenommenen Ausdrücke von Disstress bei anderen Menschen zu emotionalen Reaktionen wie Empathie und Reue führen und dadurch aggressive Verhaltensweisen unterdrückt werden.

Laut Viding et al. (2014) können Individuen mit Psychopathie emotionale Reaktionen wie Angst und Trauer nur gedämpft empfinden. Dementsprechend führt dies im Laufe ihrer Entwicklung zur verringerten Fähigkeit diese Emotionen bei anderen Menschen erkennen zu können. Die Ursache für diese Dysfunktion liegt in der frühen Kindheit. Wenn ein Säugling häufiger als normal mit Disstress konfrontiert wird, dann fällt es dem Säugling schwerer zu lernen, welche Hinweise ein Signal für Disstress sein können (Viding et al., 2014).

Trotz dem Defizit in der affektiven Komponente der Empathie, sind Psychopathen sehr wohl in der Lage, die Gedanken anderer Personen nachvollziehen zu können. Zahlreiche Studien haben dieses Phänomen bei Psychopathen untersucht (Blair et al., 1996; Blair, 2005; Dolan & Fullam, 2004; Richell et al., 2003) und kamen zu dem Ergebnis, dass bei Psychopathen zwar Defizite in der Empathie vorhanden sind, jedoch keinerlei Beeinträchtigung in der kognitiven Perspektivenübernahme vorliegt. Dies ist eine mögliche Erklärung dafür, dass Psychopathen gut darin sind, andere Menschen zu manipulieren, in dem sie genau wissen, was andere denken, dabei aber ausblenden, welche emotionalen Konsequenzen ihre Taten bei den Opfern auslösen (Viding et al., 2014).

Anhand von bildgebenden Verfahren konnte nachgewiesen werden, wie sich das Gehirn von Psychopathen von gesunden Individuen unterscheidet (Birbaumer et al., 2005; Blair, 2008; Kiehl et al., 2001; Sterzer et al., 2007). Es gibt Hinweise darauf, dass Psychopathen geringere Aktivitäten in Hirnarealen, wie die Amygdala und anterioren Insula zeigen, wenn sie emotionale und empathische Stimuli verarbeiten sollen. Auch der orbitofrontale Kortex und das Striatum, die typischerweise mit Belohnung und Emotionsregulation in Verbindung gebracht werden, zeigen abnormale neuronale Aktivitäten (Birbaumer et al., 2005; Blair, 2008; Kiehl et al., 2001; Sterzer et al., 2007; Viding et al., 2014).

Mitchell und Blair (2000) gehen davon aus, dass die eingeschränkte Empathiefähigkeit bei psychopathischen Menschen in einem Zusammenhang mit der Funktionsweise der Amygdala steht, welche bei Menschen mit Psychopathie bereits in jungen Jahren atypisch funktioniert und letztlich zu einer emotionalen Störung führt.

5.2 Autismus-Spektrum-Störung

Die Autismus-Spektrum-Störung ist eine tiefgreifende Entwicklungsstörung, die bereits in der frühen Kindheit einsetzt und unter anderem durch Schwierigkeiten in der sozialen Interaktion und Kommunikation und repetitive und stereotype Verhaltensmuster und Interessen charakterisiert ist. Es handelt sich hierbei um eine grundlegende, situationsübergreifende und lebenslange Beeinträchtigung, die je nach Ausprägung verschiedene Ausmaße und Symptome annehmen kann (American Psychiatric Association, 2013). In der fünften Auflage des *Diagnostic and Statistical Manual of Mental Disorders* (DSM-5) werden die Ausprägungen *Frühkindlicher Autismus, Asperger-Syndrom* und *atypischer Autismus* zu der Diagnose *Autismus-Spektrum-Störung* zusammengefasst (American Psychiatric Association, 2013). Zusätzliche Symptome umfassen Schwierigkeiten, Gesichtsausdrücke mit Basisemotionen zu erkennen und komplexere mentale Zustände zu verarbeiten (Harms, Martin & Wallace, 2010; Kleinman, Marciano & Ault, 2001).

Krippl und Karim (2011) bezeichnen eine mangelnde Aktivierung im inferioren frontalen Gyrus, Defizite der Amygdalaaktivität in Verbindung mit dem Gyrus fusiformis und eine erhöhte Aktivität im medialen präfrontalen Kortex als neuronale Defizite der Autisten.

Laut Köhne (2015) haben die Betroffenen Schwierigkeiten, die Gedanken und Gefühle anderer Menschen zu verstehen. Die Beeinträchtigung der Empathiefähigkeit wird als eine zentrale Komponente der Störung gesehen (Baron-Cohen, Wheelwright, Hill, Raste & Plumb, 2001; Dziobek et al., 2008; Rogers et al.,2007; Smith, 2009). An dieser Stelle ist es notwendig, die affektive Komponente der Empathie von der kognitiven Komponente zu trennen, denn mehrere Studien konnten zwar eine Beeinträchtigung der kognitiven Komponente der Empathie bei Autisten nachweisen (Baron-Cohen, 2002; Blair, 2005; Bons et al., 2013), jedoch ist eine Beeinträchtigung in der affektiven Komponente der Empathie umstritten (Köhne, 2015). Studien, welche Selbstbeurteilungsskalen zur Messung der emotionalen Empathie genutzt haben, zeigten niedrigere Werte bei Autisten im Vergleich zur gesunden Kontrollgruppe auf (Köhne, 2015), wogegen andere Studien mit objektiveren Messverfahren zu dem Ergebnis kamen, dass die emotionale Empathie bei Autisten intakt ist (Bird et al., 2010; Deschamps, Been & Matthys, 2014; Dziobek et al., 2008; Hadjikhani et al., 2014; Rogers et al., 2007; Rueda, Fernández-Berrocal & Schonert-Reichl, 2014; Schwenck et al., 2012).

Auch auf neuronaler Ebene konnten Hadjikhani et al. (2014) in einer Untersuchung mithilfe des fMRT keine signifikanten Unterschiede zwischen Autisten und einer gesunden Kontrollgruppe bezüglich der Hirnaktivitäten, die bei Schmerzempathie involviert sind, finden.

5.3 Alexithymie

Lennartsson, Horwitz, Theorell und Ullén (2017) definieren Alexithymie als ein Persönlichkeitskonstrukt, welches durch Defizite in der Fähigkeit, Emotionen zu identifizieren, zu differenzieren und zu artikulieren charakterisiert ist. Laut Hack (2010) befinden sich die Betroffenen in einem Zustand der Gefühlsblindheit und haben keinen Zugang zu ihren eigenen Gefühlen, weshalb sie weniger stark, beziehungsweise kaum auf verschiedene Emotionen, unabhängig von ihrer Art und ihrem Ausdruck, reagieren.

Die Fähigkeit der eigenen Gefühlswahrnehmung ist eine Voraussetzung, um Emotionen anderer Personen nachvollziehen zu können (Ogrodniczuk, Piper & Joyce, 2011). Da diese Eigenschaft bei Alexithymie beeinträchtigt ist, gehen

Moriguchi et al. (2006) davon aus, dass dieses Störungsbild einen Einfluss auf die Empathiefähigkeit der Betroffenen haben muss.

Moriguchi et al. (2006) haben untersucht, inwiefern die Fähigkeit zur Empathie durch Alexithymie eingeschränkt ist. In einem Experiment wurden alexithymen Versuchspersonen Bilder von schmerzhaften und weniger schmerzhaften Situationen gezeigt und sollten eingeschätzt werden. Die Versuchspersonen mit einer höheren Ausprägung von Alexithymie schätzten die Bilder mit schmerzhaften Inhalten als weniger schmerzhaft ein, als die Probanden mit niedrigeren Ausprägungen von Alexithymie. Außerdem erzielten sie im Interpersonal Reactivity Index (IRI) (Davis, 1983) weniger Punkte auf den Subskalen Perspektivenübernahme und Empathie.

Der Beeinträchtigung der Empathiefähigkeit bei Alexithymie konnte ebenfalls durch bildgebende Verfahren nachgewiesen werden (Borsci et al., 2009; Deng, Ma & Tang, 2013; Duan, Dai, Gong & Chen, 2010; Heinzel et al., 2010; Laricchiuta et al., 2015; Moriguchi et al., 2009; Reker et al., 2010). Menschen mit hohen Alexithymiewerten zeigen eine geringere Hirnaktivität im linken lateralen Präfrontalkortex, im anterioren Gyrus cinguli, dem Cerebellum und dem dorsalen Pons (Jackson, Rainville & Decety, 2006) sowie eine Aktivierungsarmut im limbischen System (Moriguchi et al., 2009) auf.

Reker et al. (2010) konnten mit ihrer Studie bei Personen mit hohen Alexithymiewerten beim Beobachten emotionaler Gesichter verschiedener Art eine verminderte Aktivierung in der Insula, dem superioren Temporalgyrus, dem mittleren, okzipital-parahippocampalen Gyrus und der linken Amygdala nachweisen.

6 Förderung von Empathie und Mitgefühl

Laut Georgi, Petermann und Schipper (2015) scheint Empathie keine stabile Charaktereigenschaft zu sein, sondern wird über die Lebensspanne hinweg durch verschiedene sozioemotionale Stimulationen moduliert. Roth et al. (2016) unterstreichen diese Annahme, indem sie davon ausgehen, dass Empathie kein konstantes Temperamentsmerkmal darstellt, sondern durch kurzfristige Interventionen veränderbar ist und als Kompetenz weiterentwickelt werden kann.

Es existieren zahlreiche Ansätze, Empathie zu fördern und zu trainieren (Foubert & Newberry, 2006; Gerdes & Segal, 2011). Butters (2010) untersuchte in einer umfangreichen Metaanalyse die Wirksamkeit von verschiedenen Empathietrainings und konnte diese mit einer hohen Effektstärke nachweisen. Auch Berghofer, Gonja und Oberlechner (2008) konnten bestätigen, dass Empathie durch entsprechende Trainings gesteigert werden kann.

Anwendungsgebiete für solche Trainings umfassen unter anderem den Strafvollzug, wo mit Straftätern Empathietrainings durchgeführt werden sollten unter der Annahme, dass durch das Training die Einsicht in die Lage der Opfer erhöht und somit die Rückfälligkeit der Straftäter vorgebeugt werden kann (Day, Casey & Gerace, 2010; Pithers, 1999). Es existieren auch verschiedene Programme zur Förderung der Empathie für Personen in sozialen Berufen, da diese sich berufsbedingt oft in Situationen befinden, in denen empathische Anteilnahme von ihnen erfordert wird (Hen & Goroshit, 2011; Ozcan, Oflaz & Bakir, 2012; Riess, Kelley, Bailey, Dunn & Phillips, 2012).

Laut Roth et al. (2016) ist die Förderung von Empathie in Programmen zur Förderung der sozialen Entwicklung eingebettet, da Empathie häufig als Teilkomponenten der sozialen Kompetenz betrachtet wird (Süß, Weis & Seidel, 2005). Programme zur Förderung von Empathie, wie beispielsweise *Mich und Dich verstehen* (Bieg & Behr, 2005), *Faustlos* (Cierpka, 2011) oder *Promoting Alternative THinking Strategies - PATHS-Curriculum* (Kusche & Greenberg, 1994) zielen durch verschiedene Herangehensweisen darauf ab, die emotionalen Fähigkeiten und Kompetenzen von

Kindern zu fördern, wozu unter anderem neben das Hineinversetzen in die Lage einer anderen Person auch das Empfinden von Mitgefühl gehört.

Da Empathie in negativen Situationen aus definitorischer Sicht zu negativen Gefühlen und Disstress führen kann (Singer & Klimecki, 2014), wird an dieser Stelle ein größeres Augenmerk auf Techniken zur Förderung von Mitgefühl gelegt.

Mitgefühl gilt in der buddhistischen Psychologie neben der liebenden Güte, Mitfreude und Gleichmut als eines von vier inneren Zuständen, die zu Gesundheit und Glück beitragen und durch Übung kultiviert werden können (Germer & Siegel, 2014). Laut Ozawa-de Silva und Negi (2013) liegt der Fokus des Mitgefühltrainings darin, die biologisch gegebene Mitgefühlsfähigkeit durch bewusste Techniken zum Zwecke des individuellen und kollektiven Nutzens zu erweitern. Die positiven Auswirkungen von Mitgefühlstrainings konnten auf neurobiologischer Ebene bereits nachgewiesen werden (Fredrickson et al., 2008; Hölzel et al., 2011; Singer & Klimecki, 2014; Wang, 2005).

Um soziale Emotionen wie Mitgefühl zu trainieren, macht die psychologische Forschung immer mehr Gebrauch von meditationsbasierten Verfahren, die Fürsorge und Güte fördern (Singer & Klimecki, 2014). Zu solchen Verfahren gehören unter anderem das *Cognitively-Based Compassion Training* (Reddy et al., 2012), *Compassion Cultivation Training* (Jinpa, 2010) und *Mindfulness-Based Compassionate Living* (Van den Brink & Koster, 2015).

Laut Singer und Klimecki (2014) ist die am meisten genutzte Technik die *Loving-Kindness Meditation*, welche aus der buddhistischen Tradition entstanden ist. Diese Form der geistigen Praxis wird in Stille durchgeführt und hat zum Ziel, dass man für die gesamte Menschheit positive Gefühle, wie Wohlwollen und Güte, empfindet, indem man sich zuerst eine nahestehende Person vorstellt und Güte und Freundlichkeit für diese Person empfindet und nach und nach diese Gefühle ausweitet auf andere Personen, einschließlich Fremden und sogar Personen, mit denen man Schwierigkeiten hat (Singer & Klimecki, 2014).

Fredrickson et al. (2008) konnten zeigen, dass mehrere Wochen dieser Meditation sich positiv auf den eigenen Gemütszustand, auf die persönlichen Ressourcen und das Wohlbefinden im alltäglichen Leben auswirken kann. Des Weiteren konnten Singer und Klimecki (2014) nachweisen, dass Versuchspersonen, die diese Art von Meditation praktizierten, eine gesteigerte Hilfsbereitschaft gegenüber Fremden aufzeigten, als die Kontrollgruppe. Dies ist ein Hinweis darauf, dass Mitgefühlstraining insbesondere die prosoziale Motivation und altruistisches Verhalten fördert (Singer & Klimecki, 2014).

Die positiven Effekte von meditationsbasierten Verfahren machten sich auch bemerkbar in einer Studie von McCollum und Gerhart (2010), die nachweisen konnten, dass bei angehenden Psychotherapeuten durch ein gezieltes Training, das vor allem aus Meditationstechniken und Gesprächen bestand, die Akzeptanz und das Mitgefühl im Umgang mit Patienten deutlich gefördert werden konnte.

7 Diskussion

Ziel dieser Arbeit war es zu eruieren, inwieweit sich die Fähigkeiten Empathie und Mitgefühl voneinander unterscheiden lassen und welche Eigenschaften sie miteinander teilen. Nach dem die definitorische Basis gelegt wurde, sollten Möglichkeiten ihrer Modulation und Förderung aufgedeckt werden.

Die Literaturrecherche zu diesen beiden Schlagwörtern verdeutlicht ihre Präsenz und Relevanz vor allem in der heutigen Zeit. Ein Mangel an empathischen Fähigkeiten und altruistischem Verhalten wird als Kennzeichen einer gestörten Persönlichkeit gesehen (Roth et al., 2016), daher ist es besonders wichtig, ein Verständnis für die zugrunde liegenden Mechanismen zu entwickeln.

Es hat sich gezeigt, dass es keinen eindeutigen Konsens über die Definition von Empathie gibt. Verschiedene Autoren und Forscher ordnen der Empathie andere Komponenten zu und ziehen die Grenzen dieser Fähigkeit an anderen Stellen. Die fehlende Zusammenführung der existierenden Empathietheorien in der Psychotherapie, der Neurowissenschaft und der Entwicklungs- und Sozialpsychologie (Neumann et al., 2009) stehen einem besseren Verständnis und einer besseren Messung und Operationalisierung der Empathie im Weg.

Eine mögliche Erklärung für die Hervorhebung von Empathie und der Vernachlässigung des Begriffes des Mitgefühls liefern Germer und Siegel (2014): Bis zum letzten Jahrzehnt wurde Mitgefühl als eine bestimmte Emotion oder innere Haltung von Psychologen und Therapeuten (vgl. Goetz et al., 2010; Gilbert, 2011) relativ vernachlässigt. Laut Germer und Siegel (2014) liegt diese Vernachlässigung zum Teil an der Überschneidung von Mitgefühl mit ähnlichen Konstrukten, wie Empathie, Sympathie, Mitleid und Altruismus.

Ein weiterer Faktor, der möglicherweise für Verwirrung sorgt und eine klare Abgrenzung von Empathie und Mitgefühl erschwert, ist der deutsche Begriff des Mitgefühls, der allgemein gefasst ist und mehrere Phänomene, wie Mitleid, Sympathie und Barmherzigkeit in sich vereint, während im englischen Wortgebrauch eine klarere Abgrenzung getroffen wird. Laut de Vignemont und Singer (2009) geht es beim Mitgefühl darum, etwas für eine Person zu fühlen statt dasselbe mit ihr zu fühlen. Diese Aussage betont den irreführenden Begriff des Mitgefühls, bei dem das Präfix mit in der deutschen Übersetzung beim Konzept des Mitgefühls auf die Qualitäten der Empathie schließen lässt.

Singer und Klimecki (2014) betonen, dass Empathie bei negativen Emotionen in empathischen Disstress münden kann und die empathische Person somit möglicherweise gesundheitliche Schäden davonträgt. Allein diese Tatsache hebt die Bedeutsamkeit einer definitorischen Klarheit hervor, da aufgrund der unbewussten Anwendung und Unwissenheit über die Konsequenzen, viele Menschen dem empathischen Disstress zum Opfer fallen und besonders in Heilberufen an Folgeerscheinungen, wie dem Burnout, erkranken. Um trotzdem am Leid anderer Personen teilhaben zu können und diese nicht mit ihren Sorgen alleine zu lassen, kann Mitgefühl empfunden werden, denn bewiesenermaßen fördert diese Fähigkeit die Hilfsbereitschaft und motiviert zu altruistischem Verhalten (Batson, 2009; Bischof-Köhler, 2006; Eisenberg, 2000).

Es wäre ratsam, achtsamer mit dem Leid anderer Personen umzugehen. Sobald man merkt, dass man sich in die missliche Lage einer anderen Person hineinversetzt hat und dieselben negativen Emotionen teilt, sollte man sich darüber bewusst werden, dass der empathische Zustand erreicht wurde und diesen schnellstmöglich in Mitgefühl umwandeln, um empathischen Disstress einerseits zu vermeiden und andererseits prosoziale Motivation zum Lindern des Leides der anderen Person zu entwickeln. Für solche Situationen wären beispielsweise Gedankenkontrolltechniken und Achtsamkeitsübungen hilfreich.

Die neurologische Beobachtung von unterschiedlichen Hirnaktivitäten von Empathie und Mitgefühl sorgen zwar einerseits für Klarheit, andererseits besteht auch hier der Anspruch, präzisere Untersuchungen durchzuführen, um eine deutlichere Abgrenzung schaffen zu können. In den vorliegenden Daten aus den neurowissenschaftlichen Studien zur Empathie zeigt sich die Schwierigkeit, die neuronalen Korrelate von den verwandten Phänomenen Gefühlsansteckung, Imitation, Empathie und Mitgefühl klar zu bestimmen. So bleibt beispielsweise die Frage ungeklärt, ob die AI oder der ACC speziell zur Empathie, zur Gefühlsansteckung oder zu beiden in Beziehung stehen (Singer & Lamm, 2009).

Die neurowissenschaftlichen Befunde zur Plastizität von Empathie und Mitgefühl sind

ein guter Hinweis auf zukünftige Entwicklungen. Laut Singer und Klimecki (2014) besteht nun die Anforderung an die Forschung, die langzeitigen Folgen von Trainings und Techniken zur Förderung von Empathie und Mitgefühl zu untersuchen, nicht nur mit dem Fokus auf Effekte bezüglich der neuronalen Plastizität, sondern auch auf Veränderungen der Hirnstrukturen und den Auswirkungen auf die Kognition und das alltägliche Verhalten. Außerdem sollten Langzeitstudien aufdecken, wie lange solche vorteilhaften Veränderungen der

Diskussion

Empathie- und Mitgefühlfähigkeiten durch verschiedene Techniken und Trainings erhalten bleiben und ob sie sich langzeitig etablieren können.

Der Großteil der bis dato bestehenden Studien und Forschungen bezüglich Empathie und Mitgefühl konzentrieren sich auf das Verhalten dieser Fähigkeiten bei negativen Emotionen. Für eine allumfassendere Betrachtung wäre es angebracht zu untersuchen, wie sich Empathie und Mitgefühl in Verbindung mit positiven Emotionen verhalten, ob dieselben neuronalen Netzwerke mit derselben Intensität aktiviert werden und ob sich auch hier klare Unterschiede zwischen den beiden Konstrukten auf neuronaler und psychologischer Ebene finden lassen.

Ein neuronaler Kulturvergleich bezüglich Empathie und Mitgefühl, basierend auf den bisherigen Forschungsergebnissen (Atkins et al., 2016; Chan et al., 2010; Trommsdorff et al., 2007) könnte zu einer besseren Abgrenzung des Empathiekonstruktes verhelfen und die Rolle der Erziehung in diesem Kontext hervorheben.

Eine weitere interessante Frage bezüglich der nachgewiesenen kulturellen Unterschiede wäre den Umstand bei Kindern von asiatischen Migrantenfamilien in westlichen Ländern zu untersuchen, welche zu Hause ihre ursprüngliche Kultur ausleben, im Alltag des jeweiligen Land jedoch Teil einer anderen Kultur sind. Hier ließe sich durch bildgebende Verfahren beispielsweise die neuronale Plastizität von empathischen Anteilen beobachten.

8 Fazit

Insgesamt hat sich gezeigt, dass die psychologischen Fähigkeiten Empathie und Mitgefühl nicht nur aus definitorischer Sicht, sondern auch auf vielen weiteren Ebenen Unterschiede aufweisen. Diese sollten im Anbetracht der Tatsache, dass Empathie bei negativen Emotionen sogar gesundheitliche Schäden zur Folge haben kann, keinesfalls außer Acht gelassen werden. Es besteht ein dringender Anspruch an die Wissenschaft, Klarheit zu schaffen und einen gemeinsamen Konsens zur Abgrenzung dieser Fähigkeiten zu finden. Aufbauend auf den Ergebnissen der neuronalen Untersuchungen sollte weiterhin erforscht werden, welche Gehirnareale in welchen Prozessen beteiligt sind und Möglichkeiten der Förderung, insbesondere von Mitgefühl, sollten weitere Verbreitung finden.

Literaturverzeichnis

American Psychiatric Association & American Psychiatric Association (Hrsg.). (2013). *Diagnostic and statistical manual of mental disorders: DSM-5* (5th ed). Washington, D.C: American Psychiatric Association.

Atkins, D., Uskul, A. K. & Cooper, N. R. (2016). Culture shapes empathic responses to physical and social pain. *Emotion*, *16*(5), 587–601. https://doi.org/ 10.1037/ emo0000162

Avenanti, A., Bueti, D., Galati, G. & Aglioti, S. M. (2005). Transcranial magnetic stimulation highlights the sensorimotor side of empathy for pain. *Nature Neuroscience*, *8*(7), 955–960. https://doi.org/10.1038/nn1481

Avenanti, A., Sirigu, A. & Aglioti, S. M. (2010). Racial Bias Reduces Empathic Sensorimotor Resonance with Other-Race Pain. *Current Biology*, *20*(11), 1018–1022. https://doi.org/10.1016/j.cub.2010.03.071

Bähr, M. & Frotscher, M. (2014). *Neurologisch-topische Diagnostik: Anatomie, Funktion, Klinik* (10. Aufl). Stuttgart: Thieme.

Baron-Cohen, S. (2002). The extreme male brain theory of autism. *Trends in Cognitive Sciences*, *6*(6), 248–254. https://doi.org/10.1016/S1364-6613(02)01904-6

Baron-Cohen, S. (2009). Autism: The Empathizing-Systemizing (E-S) Theory. *Annals of the New York Academy of Sciences*, *1156*(1), 68–80. https://doi.org/10.1111/ j.1749-6632.2009.04467.x

Baron-Cohen, S., Wheelwright, S., Hill, J., Raste, Y. & Plumb, I. (2001). The „Reading the Mind in the Eyes" Test Revised Version: A Study with Normal Adults, and Adults with Asperger Syndrome or High-functioning Autism. *Journal of Child Psychology and Psychiatry*, *42*(2), 241–251. https://doi.org/10.1111/1469-7610.00715

Batson, C. D. (2009). These Things Called Empathy: Eight Related but Distinct Phenomena. In J. Decety & W. Ickes (Hrsg.), *The Social Neuroscience of Empathy* (S. 3–16). The MIT Press. https://doi.org/10.7551 /mitpress/ 9780 26201 2973.003.0002

Batson, C. D. & Ahmad, N. Y. (2009). Using Empathy to Improve Intergroup Attitudes and Relations. *Social Issues and Policy Review*, *3*(1), 141–177. https://doi.org/ 10.1111/j.1751-2409.2009.01013.x

Beauregard, M., Courtemanche, J., Paquette, V. & St-Pierre, É. L. (2009). The neural basis of unconditional love. *Psychiatry Research: Neuroimaging, 172*(2), 93–98. https://doi.org/10.1016/j.pscychresns.2008.11.003

Berghofer, G., Gonja, T. & Oberlechner, T. (2008). Kann Empathie trainiert werden? Ein Review empirischer Studien zur Wirksamkeit von Empathietraining. Person. Internationale Zeitschrift für personenzentrierte und experienzielle Psycho-therapie und Beratung, 2/2008 S.33-48.

Bieg, S. & Behr, M. (2005). *Mich und Dich verstehen: ein Trainingsprogramm zur emotionalen Sensitivität bei Schulklassen und Kindergruppen im Grundschul- und Orientierungsstufenalter*. Göttingen: Hogrefe.

Birbaumer, N., Veit, R., Lotze, M., Erb, M., Hermann, C., Grodd, W. & Flor, H. (2005). Deficient Fear Conditioning in Psychopathy: A Functional Magnetic Resonance Imaging Study. *Archives of General Psychiatry, 62*(7), 799. https://doi.org/ 10.1001/archpsyc.62.7.799

Birch, S. A. J. & Bloom, P. (2007). The Curse of Knowledge in Reasoning About False Beliefs. *Psychological Science, 18*(5), 382–386. https://doi.org/10.1111/j.1467-9280.2007.01909.x

Bird, G., Silani, G., Brindley, R., White, S., Frith, U. & Singer, T. (2010). Empathic brain responses in insula are modulated by levels of alexithymia but not autism. *Brain, 133*(5), 1515–1525. https://doi.org/10.1093/brain/awq060

Bischof-Köhler, D. (2006). Empathie – Mitgefühl – Grausamkeit. Und wie sie zusam-menhängen. In R. Zill, H. Landweer, & A. Muschg (Hrsg.), *Mitgefühl, Scham und Macht* (S. 14–20). Bollewick: Berliner Debatte.

Blair, R. J., Sellars, C., Strickland, I., Clark, F., Williams, A., Smith, M. & Jones, L. (1996). Theory of Mind in the psychopath. *The Journal of Forensic Psychiatry, 7*(1), 15–25. https://doi.org/10.1080/09585189608409914

Blair, R. J., Colledge, E., Murray, L. & Mitchell, D. G. (2001). A selective impairment in the processing of sad and fearful expressions in children with psychopathic tendencies. Journal of Abnormal Child Psychology, 29 (6), 491–498.

Blair, R. J. (1995). A cognitive developmental approach to morality: investigating the psychopath. *Cognition*, *57*(1), 1–29. https://doi.org/10.1016/0010-0277 (95) 00676-P

Blair, R. J. (2005). Responding to the emotions of others: Dissociating forms of empathy through the study of typical and psychiatric populations. *Consciousness and Cognition*, *14*(4), 698–718. https://doi.org/10.1016/ j.concog.2005.06.004

Blair, R. J. (2008). Fine cuts of empathy and the amygdala: Dissociable deficits in psychopathy and autism. *The Quarterly Journal of Experimental Psychology*, *61*(1), 157–170. https://doi.org/10.1080/17470210701508855

Blair, R. J. & Blair, K. S. (2009). Empathy, Morality, and Social Convention: Evidence from the Study of Psychopathy and Other Psychiatric Disorders. In J. Decety & W. Ickes (Hrsg.), *The Social Neuroscience of Empathy* (S. 139–152). The MIT Press. https://doi.org/10.7551/mitpress/9780262012973.003.0012

Blonigen, D. M., Carlson, S. R., Krueger, R. F. & Patrick, C. J. (2003). A twin study of self-reported psychopathic personality traits. *Personality and Individual Differences*, *35*(1), 179–197. https://doi.org/10.1016/S0191-8869(02)00184-8

Bohart, A. C. & Greenberg, L. S. (Hrsg.). (1997). *Empathy reconsidered: New directions in psychotherapy.* Washington: American Psychological Association. https://doi.org/10.1037/10226-000

Bons, D., van den Broek, E., Scheepers, F., Herpers, P., Rommelse, N. & Buitelaaar, J. K. (2013). Motor, Emotional, and Cognitive Empathy in Children and Adolescents with Autism Spectrum Disorder and Conduct Disorder. *Journal of Abnormal Child Psychology*, *41*(3), 425–443. https://doi.org/10.1007/s10802-012-9689-5

Borsci, G., Boccardi, M., Rossi, R., Rossi, G., Perez, J., Bonetti, M. & Frisoni, G. B. (2009). Alexithymia in healthy women: A brain morphology study. *Journal of Affective Disorders*, *114*(1–3), 208–215. https://doi.org/ 10.1016/ j.jad. 2008. 07.013

Butcher, J. N., Mineka, S., Hooley, J. M., Plata, G. & Schleider, K. (2009). *Klinische Psychologie* (13., aktualisierte Aufl. [der amerikan. Ausg.]). München: Pearson Studium.

Butters, R. P. (2010). *A Meta-analysis of empathy training programs for client populations*. University of Utah, Utah. Verfügbar unter http://cdmbuntu. lib.utah .edu/utils/getfile/collection/etd2/id/321/filename/755.pdf [10.09.2017].

Carr, L., Iacoboni, M., Dubeau, M.-C., Mazziotta, J. C. & Lenzi, G. L. (2003). Neural mechanisms of empathy in humans: A relay from neural systems for imitation to limbic areas. *Proceedings of the National Academy of Sciences, 100*(9), 5497–5502. https://doi.org/10.1073/pnas.0935845100

Chan, S., Chung, W. & Cassels, T. G. (2010). The Role of Culture in Affective Empathy: Cultural and Bicultural Differences. *Journal of Cognition and Culture, 10*(3), 309–326. https://doi.org/10.1163/156853710X531203

Chiang, W. (2012). The suppression of emotional expression in interpersonal context. Bulletin of Educational Psychology, 43. 657-680.

Cierpka, M. (2011). *Faustlos - wie Kinder Konflikte gewaltfrei lösen lernen* (8. Aufl). Freiburg im Breisgau: Herder.

Davis, M. H. (1980). A multidimensional approach to individual differences in empathy. *JSAS Catalog of Selected Documents in Psychology, 10,* 85.

Davis, M. H. (1983). Measuring individual differences in empathy: Evidence for a multidimensional approach. *Journal of Personality and Social Psychology, 44*(1), 113–126. https://doi.org/10.1037/0022-3514.44.1.113

Day, A., Casey, S. & Gerace, A. (2010). Interventions to improve empathy awareness in sexual and violent offenders: Conceptual, empirical, and clinical issues. *Aggression and Violent Behavior, 15*(3), 201–208. https://doi.org/ 10.1016/ j.avb.2009.12.003

de Vignemont, F. & Singer, T. (2006). The empathic brain: how, when and why? *Trends in Cognitive Sciences, 10*(10), 435–441. https://doi.org/ 10.1016/ j.tics.2006.08.008

Decety, J. & Jackson, P. L. (2004). The Functional Architecture of Human Empathy. *Behavioral and Cognitive Neuroscience Reviews, 3*(2), 71–100. https://doi.org/ 10.1177/1534582304267187

Decety, J. & Jackson, P. L. (2006). A Social-Neuroscience Perspective on Empathy. *Current Directions in Psychological Science, 15*(2), 54–58. https://doi.org/ 10.1111/j.0963-7214.2006.00406.x

Decety, J. & Lamm, C. (2006). Human Empathy Through the Lens of Social Neuroscience. *The Scientific World JOURNAL, 6,* 1146–1163. https://doi.org/ 10.1100/tsw.2006.221

Decety, J. & Lamm, C. (2009). Empathy versus Personal Distress: Recent Evidence from Social Neuroscience. In J. Decety & W. Ickes (Hrsg.), *The Social Neuroscience of Empathy* (S. 199–214). The MIT Press. https://doi.org/10.7551 /mitpress/9780262012973.003.0016

Deng, Y., Ma, X. & Tang, Q. (2013). Brain response during visual emotional processing: an fMRI study of alexithymia. *Psychiatry Research: Neuroimaging, 213*(3), 225–229. https://doi.org/10.1016/j.pscychresns.2013.03.007

Derntl, B. (2012). Neuronale Korrelate der Empathie. In F. Schneider (Hrsg.), Positionen der Psychiatrie (S. 83-87). Berlin: Springer Verlag.

Derntl, B., Windischberger, C., Robinson, S., Lamplmayr, E., Kryspin-Exner, I., Gur, R. C. & Habel, U. (2008). Facial emotion recognition and amygdala activation are associated with menstrual cycle phase. *Psychoneuroendocrinology, 33*(8), 1031–1040. https://doi.org/10.1016/j.psyneuen.2008.04.014

Deschamps, P. K. H., Been, M. & Matthys, W. (2014). Empathy and Empathy Induced Prosocial Behavior in 6- and 7-Year-Olds with Autism Spectrum Disorder. *Journal of Autism and Developmental Disorders, 44*(7), 1749–1758. https://doi.org/10.1007/s10803-014-2048-3

Dolan, M. & Fullam, R. (2004). Theory of mind and mentalizing ability in antisocial personality disorders with and without psychopathy. *Psychological Medicine, 34*(6), 1093–1102. https://doi.org/10.1017/S0033291704002028

Duan, X., Dai, Q., Gong, Q. & Chen, H. (2010). Neural mechanism of unconscious perception of surprised facial expression. *NeuroImage, 52*(1), 401–407. https://doi.org/10.1016/j.neuroimage.2010.04.021

Dziobek, I., Fleck, S., Kalbe, E., Rogers, K., Hassenstab, J., Brand, M., Kessler, J., Woike, J.K., Wolf, O.T. & Convit, A. (2006). Introducing MASC: A Movie for the Assessment of Social Cognition. *Journal of Autism and Developmental Disorders, 36*(5), 623–636. https://doi.org/10.1007/s10803-006-0107-0

Dziobek, I., Preißler, S., Grozdanovic, Z., Heuser, I., Heekeren, H. R. & Roepke, S. (2011). Neuronal correlates of altered empathy and social cognition in borderline personality disorder. *NeuroImage, 57*(2), 539–548. https://doi.org/ 10.1016/j.neuroimage.2011.05.005

Dziobek, I., Rogers, K., Fleck, S., Bahnemann, M., Heekeren, H. R., Wolf, O. T. & Convit, A. (2008). Dissociation of Cognitive and Emotional Empathy in Adults with Asperger Syndrome Using the Multifaceted Empathy Test (MET). *Journal of Autism and Developmental Disorders, 38*(3), 464–473. https://doi.org/ 10.1007/s10803-007-0486-x

Eisenberg, N. (2000). Emotion, Regulation, and Moral Development. *Annual Review of Psychology, 51*(1), 665–697. https://doi.org/10.1146/annurev.psych.51.1.665

Eisenberg, N. & Okun, M. A. (1996). The Relations of Dispositional Regulation and Emotionality to Elders' Empathy-Related Responding and Affect While Volunteering. *Journal of Personality, 64*(1), 157–183. https://doi.org/10.1111/ j.1467-6494.1996.tb00818.x

Eisenberg, N. & Strayer, J. (1987). Critical issues in the study of empathy. In N. Eisenberg & J. Strayer (Hrsg.), Cambridge studies in social and emotional development. Empathy and its development (S. 3-13). New York: Cambridge University Press.

Elliott, R., Bohart, A. C., Watson, J. C. & Greenberg, L. S. (2011). Empathy. *Psychotherapy, 48*(1), 43–49. https://doi.org/10.1037/a0022187

Fan, Y., Duncan, N. W., de Greck, M. & Northoff, G. (2011). Is there a core neural network in empathy? An fMRI based quantitative meta-analysis. *Neuroscience & Biobehavioral Reviews, 35*(3), 903–911. https://doi.org/10.1016/ j. neubiorev .2010.10.009

Forsman, M., Lichtenstein, P., Andershed, H. & Larsson, H. (2010). A longitudinal twin study of the direction of effects between psychopathic personality and antisocial behaviour: Psychopathic personality and antisocial behaviour. *Journal of Child Psychology and Psychiatry, 51*(1), 39–47. https://doi.org/10.1111/j.1469-7610.2009.02141.x

Foubert, J. & Newberry, J. T. (2006). Effects of Two Versions of an Empathy-Based Rape Prevention Program on Fraternity Men's Survivor Empathy, Attitudes, and Behavioral Intent to Commit Rape or Sexual Assault. *Journal of College Student Development, 47*(2), 133–148. https://doi.org/10.1353/csd.2006.0016

Fredrickson, B. L., Cohn, M. A., Coffey, K. A., Pek, J. & Finkel, S. M. (2008). Open hearts build lives: Positive emotions, induced through loving-kindness meditation, build consequential personal resources. *Journal of Personality and Social Psychology, 95*(5), 1045–1062. https://doi.org/10.1037/a0013262

Friedlmeier, W. & Trommsdorff, G. (1999). Emotion Regulation in Early Childhood: A Cross-Cultural Comparison between German and Japanese Toddlers. *Journal of Cross-Cultural Psychology, 30*(6), 684–711. https://doi.org/10.1177/ 0022022199030006002

Gallese, V., Fadiga, L., Fogassi, L. & Rizzolatti, G. (1996). Action recognition in the premotor cortex. *Brain, 119*(2), 593–609. https://doi.org/10.1093/brain/ 119.2.593

Georgi, E., Petermann, F. & Schipper, M. (2015). Do Empathic Abilities Change throughout the Course of Becoming a Psychotherapist? *Zeitschrift Für Neuro-psychologie, 26*(3), 151–159. https://doi.org/10.1024/1016-264X/a000157

Gerdes, K. E. & Segal, E. (2011). Importance of Empathy for Social Work Practice: Integrating New Science. *Social Work, 56*(2), 141–148. https://doi.org/ 10.1093/ sw/56.2.141

Germer, C., Siegel, R. (2014). Weisheit und Mitgefühl in der Psychotherapie: Achtsame Wege zur Vertiefung der therapeutischen Praxis. Freiburg im Breisgau: Arbor Verlag.

Gilbert, P. (2011). Shame in psychotherapy and the role of compassion focused therapy. In R. L. Dearing & J. P. Tangney (Eds.), Shame in the therapy hour. New York: Guilford Press.

Goetz, J. L., Keltner, D. & Simon-Thomas, E. (2010). Compassion: An evolutionary analysis and empirical review. *Psychological Bulletin, 136*(3), 351–374. https://doi.org/10.1037/a0018807

Golan, O., Baron-Cohen, S. & Hill, J. (2006). The Cambridge Mindreading (CAM) Face-Voice Battery: Testing Complex Emotion Recognition in Adults with and without Asperger Syndrome. *Journal of Autism and Developmental Disorders, 36*(2), 169–183. https://doi.org/10.1007/s10803-005-0057-y

Hack, R. L. (2010). *Der Einfluss von Steroidhormonen auf die Empathiefähigkeit von Frauen und Männern.* Universität Wien, Wien. Verfügbar unter http://othes.univie.ac.at/14444/ [01.09.2017]

Hadjikhani, N., Zürcher, N. R., Rogier, O., Hippolyte, L., Lemonnier, E., Ruest, Ward, N., Lassalle, A., Gillberg, N., Billstedt, E., Helles, A., Gillberg, C., Solomon, P., Prkachin, K.M. & Gillberg, C. (2014). Emotional contagion for pain is intact in autism spectrum disorders. *Translational Psychiatry, 4*(1), e343. https://doi.org/10.1038/tp.2013.113

Hall, J. A., Davis, M. H. & Connelly, M. (2000). Dispositional empathy in scientists and practitioner psychologists: Group differences and relationship to self-reported professional effectiveness. *Psychotherapy: Theory, Research, Practice, Training, 37*(1), 45–56. https://doi.org/10.1037/h0087758

Hare, R. D. (2003). The Hare Psychopathy Checklist — Revised (2. Auflage) North Tonawanda, NY: Multi-Health Systems.

Hare, R. D., Harpur, T. J., Hakstian, A. R., Forth, A. E., Hart, S. D. & Newman, J. P. (1990). The revised Psychopathy Checklist: Reliability and factor structure. *Psychological Assessment: A Journal of Consulting and Clinical Psychology, 2*(3), 338–341. https://doi.org/10.1037/1040-3590.2.3.338

Harms, M. B., Martin, A. & Wallace, G. L. (2010). Facial Emotion Recognition in Autism Spectrum Disorders: A Review of Behavioral and Neuroimaging Studies. *Neuropsychology Review, 20*(3), 290–322. https://doi.org/10.1007/s11065-010-9138-6

Harpur, T. J. & Hare, R. D. (1994). Assessment of psychopathy as a function of age. *Journal of Abnormal Psychology, 103*(4), 604–609. https://doi.org/10.1037/0021-843X.103.4.604

Hassenstab, J., Dziobek, I., Rogers, K., Wolf, O. T. & Convit, A. (2007). Knowing What Others Know, Feeling What Others Feel: A Controlled Study of Empathy in Psychotherapists. *The Journal of Nervous and Mental Disease, 195*(4), 277–281. https://doi.org/10.1097/01.nmd.0000253794.74540.2d

Hein, G. & Singer, T. (2008). I feel how you feel but not always: the empathic brain and its modulation. *Current Opinion in Neurobiology, 18*(2), 153–158. https://doi.org/ 10.1016/j.conb.2008.07.012

Heinzel, A., Schäfer, R., Müller, H.-W., Schieffer, A., Ingenhag, A., Northoff, G., Franz, M. & Hautzel, H. (2010). Differential modulation of valence and arousal in high- alexithymic and low-alexithymic individuals: *NeuroReport*, 1. https://doi.org/10.1097/WNR.0b013e32833f38e0

Hen, M. & Goroshit, M. (2011). Emotional Competencies in the Education of Mental Health Professionals. *Social Work Education, 30*(7), 811–829. https://doi.org/ 10.1080/02615479.2010.515680

Hölzel, B. K., Carmody, J., Vangel, M., Congleton, C., Yerramsetti, S. M., Gard, T. & Lazar, S. W. (2011). Mindfulness practice leads to increases in regional brain gray matter density. *Psychiatry Research: Neuroimaging, 191*(1), 36–43. https://doi.org/10.1016/j.pscychresns.2010.08.006

Iacoboni, M., Molnar-Szakacs, I., Gallese, V., Buccino, G., Mazziotta, J. C. & Rizzolatti, G. (2005). Grasping the Intentions of Others with One's Own Mirror Neuron System. *PLoS Biology, 3*(3), e79. https://doi.org/10.1371/journal.pbio.0030079

Jabbi, M., Swart, M. & Keysers, C. (2007). Empathy for positive and negative emotions in the gustatory cortex. *NeuroImage, 34*(4), 1744–1753. https://doi.org/ 10.1016/j.neuroimage.2006.10.032

Jackson, P. L., Rainville, P. & Decety, J. (2006). To what extent do we share the pain of others? Insight from the neural bases of pain empathy: *Pain, 125*(1), 5–9. https://doi.org/10.1016/j.pain.2006.09.013

Jinpa, T. (2010). Compassion cultivation training (CCT): Instructor's manual. Unpublished, Stanford, CA.

Kiehl, K. A., Smith, A. M., Hare, R. D., Mendrek, A., Forster, B. B., Brink, J. & Liddle, P. F. (2001). Limbic abnormalities in affective processing by criminal psycho-paths as revealed by functional magnetic resonance imaging. *Biological Psychiatry, 50*(9), 677–684. https://doi.org/10.1016/S0006-3223(01)01222-7

Kienbaum, J. (2014). Entwicklungsbedingungen von Mitgefühl in der Kindheit. Gestalt Theory, 36, 2, 117—128.

Kim, J.-W., Kim, S.-E., Kim, J.-J., Jeong, B., Park, C.-H., Son, A. R., Son, A. R. & Ki, S. W. (2009). Compassionate attitude towards others' suffering activates the mesolimbic neural system. *Neuropsychologia, 47*(10), 2073–2081. https:// doi.org/10.1016/j.neuropsychologia.2009.03.017

Kitayama, S., Duffy, S. & Uchida, Y. (2007). Self as Cultural Mode of Being. In S. Kitayama & D. Cohen (Hrsg.), Handbook of cultural psychology (S. 136-174). New York: Guilford Press.

Klein, K. J. K. & Hodges, S. D. (2001). Gender Differences, Motivation, and Empathic Accuracy: When it Pays to Understand. *Personality and Social Psychology Bulletin, 27*(6), 720–730. https://doi.org/10.1177/0146167201276007

Kleinman, J., Marciano, P. L. & Ault, R. L. (2001). Advanced theory of mind in high-functioning adults with autism. *Journal of Autism and Developmental Disorders, 31*(1), 29–36.

Klimecki, O. M., Leiberg, S., Lamm, C. & Singer, T. (2013). Functional Neural Plasticity and Associated Changes in Positive Affect After Compassion Training. *Cerebral Cortex, 23*(7), 1552–1561. https://doi.org/10.1093/cercor/bhs142

Klimecki, O. M., Leiberg, S., Ricard, M. & Singer, T. (2014). Differential pattern of functional brain plasticity after compassion and empathy training. *Social Cognitive and Affective Neuroscience, 9*(6), 873–879. https://doi.org / 10. 1093/ scan/nst060

Knafo, A., Zahn-Waxler, C., Van Hulle, C., Robinson, J. L. & Rhee, S. H. (2008). The developmental origins of a disposition toward empathy: Genetic and environmental contributions. *Emotion, 8*(6), 737–752. https://doi.org/10.1037 /a0014179

Köhne, S. M. (2015). *The Role of Imitation and Synchronization in Empathic Functions: Insights from Autism Spectrum Disorders.* Freien Universität Berlin, Berlin. Verfügbar unter http://www.diss.fu-berlin.de/diss/receive/ FUDISS_thesis_ 000 000101584 [25.08.2017]

Krippl, M. & Karim, A. A. (2011). „Theory of mind" und ihre neuronalen Korrelate bei forensisch relevanten Störungen. *Der Nervenarzt, 82*(7), 843–852. https:// doi.org/10.1007/s00115-010-3073-x

Kusche, C. A. & Greenberg, M. T. (1994) The PATHS Curriculum. Seattle: Developmental Research and Programs.

Lamm, C., Decety, J. & Singer, T. (2011). Meta-analytic evidence for common and distinct neural networks associated with directly experienced pain and empathy for pain. *NeuroImage, 54*(3), 2492–2502. https://doi.org/10.1016/ j.neuroimage .2010.10.014

Lamm, C. & Singer, T. (2010). The role of anterior insular cortex in social emotions. *Brain Structure and Function, 214*(5–6), 579–591. https://doi.org/10.1007/ s00429-010-0251-3

Laricchiuta, D., Petrosini, L., Picerni, E., Cutuli, D., Iorio, M., Chiapponi, C., Caltagirone, C., Piras, F. & Spalletta, G. (2015). The embodied emotion in cerebellum: a neuroimaging study of alexithymia. *Brain Structure and Function, 220*(4), 2275–2287. https://doi.org/10.1007/s00429-014-0790-0

Lauterbach, O. & Hosser, D. (2007). Assessing Empathy in Prisoners - A Shortened Version of the Interpersonal Reactivity Index. *Swiss Journal of Psychology, 66*(2), 91–101. https://doi.org/10.1024/1421-0185.66.2.91

Lennartsson, A.-K., Horwitz, E. B., Theorell, T. & Ullén, F. (2017). Creative Artistic Achievement Is Related to Lower Levels of Alexithymia. *Creativity Research Journal, 29*(1), 29–36. https://doi.org/10.1080/10400419.2017.1263507

Long, E. C. J., Angera, J. J. & Hakoyama, M. (2006). Using Videotaped Feedback During Intervention With Married Couples: A Qualitative Assessment. *Family Relations, 55*(4), 428–438. https://doi.org/10.1111/j.1741-3729.2006.00412.x

Luborsky, L. (Hrsg.). (1988). *Who will benefit from psychotherapy? Predicting therapeutic outcomes.* New York, NY: Basic Books.

Marci, C. D., Ham, J., Moran, E. & Orr, S. P. (2007). Physiologic Correlates of Perceived Therapist Empathy and Social-Emotional Process During Psycho-therapy: *The Journal of Nervous and Mental Disease*, *195*(2), 103–111. https:// doi.org/10.1097/01.nmd.0000253731.71025.fc

Markus, H. R. & Kitayama, S. (1991). Culture and the self: Implications for cognition, emotion, and motivation. *Psychological Review*, *98*(2), 224–253. https://doi.org/ 10.1037/0033-295X.98.2.224

McCollum, E. E. & Gehart, D. R. (2010). Using Mindfulness Meditation to Teach Beginning Therapists Therapeutic Presence: A Qualitative Study. *Journal of Marital and Family Therapy*, no-no. https://doi.org/10.1111/j.1752-0606.2010. 00214.x

Mitchell, D. & Blair, R.J. (2000). State of the art: Psychopathy. The Psychologist, 13(7), 356-360.

Mohr, C., Rowe, A. C. & Blanke, O. (2010). The influence of sex and empathy on putting oneself in the shoes of others. *British Journal of Psychology*, *101*(2), 277–291. https://doi.org/10.1348/000712609X457450

Moriguchi, Y., Decety, J., Ohnishi, T., Maeda, M., Mori, T., Nemoto, K., Matsuda, H. & Komaki, G. (2006). Empathy and Judging Other's Pain: An fMRI Study of Alexithymia. *Cerebral Cortex*, *17*(9), 2223–2234. https://doi.org/ 10.1093/ cercor/bhl130

Moriguchi, Y., Ohnishi, T., Decety, J., Hirakata, M., Maeda, M., Matsuda, H. & Komaki, G. (2009). The human mirror neuron system in a population with deficient self-awareness: An fMRI study in alexithymia. *Human Brain Mapping*, *30*(7), 2063–2076. https://doi.org/10.1002/hbm.20653

Neumann, M., Bensing, J., Mercer, S., Ernstmann, N., Ommen, O. & Pfaff, H. (2009). Analyzing the „nature" and „specific effectiveness" of clinical empathy: A theoretical overview and contribution towards a theory-based research agenda. Patient Education and Counseling, 74, 339– 346.

Nomi, J. S., Scherfeld, D., Friederichs, S., Schäfer, R., Franz, M., Wittsack, H.-J., Azari, N. P., Missimer, J. & Seitz, R. J. (2008). On the neural networks of empathy: A principal component analysis of an fMRI study. *Behavioral and Brain Functions*, *4*(1), 41. https://doi.org/10.1186/1744-9081-4-41

Ogrodniczuk, J. S., Piper, W. E. & Joyce, A. S. (2011). Effect of alexithymia on the process and outcome of psychotherapy: A programmatic review. *Psychiatry Research*, *190*(1), 43–48. https://doi.org/10.1016/j.psychres.2010.04.026

Okun, M. A., Shepard, S. A. & Eisenberg, N. (2000). The relations of emotionality and regulation to dispositional empathy-related responding among volunteers-in-training. *Personality and Individual Differences*, *28*(2), 367–382. https://doi.org/ 10.1016/S0191-8869(99)00107-5

Ozawa-de Silva, B. & Negi, L. T. (2013). Cognitively-Based Compassion-Training (CBCT): Protokoll und Schlüsselkonzepte. In T. Singer & M. Bolz (Hrsg.), *Mitgefühl in Alltag und Forschung* (S. 416–437). Munich: Max Planck Society.

Ozcan, C. T., Oflaz, F. & Bakir, B. (2012). The effect of a structured empathy course on the students of a medical and a nursing school: An empathy course on nursing and medical students. *International Nursing Review*, *59*(4), 532–538. https://doi.org/10.1111/j.1466-7657.2012.01019.x

Paulus C. (2009). Der Saarbrücker Persönlichkeitsfragebogen SPF (IRI) zur Messung von Empathie: Psychometrische Evaluation der deutschen Version des Interpersonal Reactivity Index. Saarbrücken: Universität des Saarlandes. verfügbar unter http://psydok.sulb.uni-saarland.de/volltexte/2009/2363/ [10.09.2017].

Paulus, C. (2016). Saarbrücker Persönlichkeitsfragebogen (SPF). Universität des Saarlandes. Verfügbar unter http://psydok.sulb.uni-saarland.de/ volltexte/2009 /2363/. [03.09.2017].

Petermann, F. & Koglin, U. (2013). *Aggression und Gewalt von Kindern und Jugendlichen*. Berlin, Heidelberg: Springer Berlin Heidelberg. https://doi.org/ 10.1007/978-3-642-22466-9

Pfeifer, J. H. & Dapretto, M. (2009). "Mirror, Mirror, in My Mind": Empathy, Interpersonal Competence, and the Mirror Neuron System. In J. Decety & W. Ickes (Hrsg.), *The Social Neuroscience of Empathy* (S. 183–198). The MIT Press. https://doi.org/10.7551/mitpress/9780262012973.003.0015

Pickett, C. L., Gardner, W. L. & Knowles, M. (2004). Getting a Cue: The Need to Belong and Enhanced Sensitivity to Social Cues. *Personality and Social Psychology Bulletin*, *30*(9), 1095–1107. https://doi.org/10.1177/0146167203262085

Pithers, W. D. (1999). Empathy: Definition, Enhancement, and Relevance to the Treatment of Sexual Abusers. *Journal of Interpersonal Violence*, *14*(3), 257–284. https://doi.org/10.1177/088626099014003004

Preston, S. D. & de Waal, F. B. M. (2002). Empathy: Its ultimate and proximate bases. *Behavioral and Brain Sciences*, *25*(01). https://doi.org/10.1017/S0140525X 02000018

Rankin, K. P., Gorno-Tempini, M. L., Allison, S. C., Stanley, C. M., Glenn, S., Weiner, M. W. & Miller, B. L. (2006). Structural anatomy of empathy in neurodegenerative disease. *Brain*, *129*(11), 2945–2956. https://doi.org/10.1093/ brain/awl254

Reddy, S. D., Negi, L. T., Dodson-Lavelle, B., Ozawa-de Silva, B., Pace, T. W. W., Cole, S. P., Raison, C. L. & Craighead, L. W. (2012). Cognitive-Based Compassion Training: A Promising Prevention Strategy for At-Risk Adolescents. *Journal of Child and Family Studies*, *22*(2), 219–230. https://doi.org/ 10.1007/s10826-012-9571-7

Reker, M., Ohrmann, P., Rauch, A. V., Kugel, H., Bauer, J., Dannlowski, U., Arolt, V., Heindel, W. & Suslow, T. (2010). Individual differences in alexithymia and brain response to masked emotion faces. *Cortex*, *46*(5), 658–667. https://doi.org/ 10.1016/j.cortex.2009.05.008

Richell, R., Mitchell, D. G., Newman, C., Leonard, A., Baron-Cohen, S. & Blair, R. J. (2003). Theory of mind and psychopathy: can psychopathic individuals read the 'language of the eyes'? *Neuropsychologia*, *41*(5), 523–526. https://doi.org/ 10.1016/S0028-3932(02)00175-6

Riess, H., Kelley, J. M., Bailey, R. W., Dunn, E. J., & Phillips, M. (2012). Empathy Training for Resident Physicians: A Randomized Controlled Trial of a Neuroscience-Informed Curriculum. *Journal of General Internal Medicine*, *27*(10), 1280–1286. https://doi.org/10.1007/s11606-012-2063-z

Rogers, C. R. (1989). *Eine Theorie der Psychotherapie, der Persönlichkeit und der zwischenmenschlichen Beziehungen*. Köln: GwG.

Rogers, K., Dziobek, I., Hassenstab, J., Wolf, O. T. & Convit, A. (2007). Who Cares? Revisiting Empathy in Asperger Syndrome. *Journal of Autism and Developmental Disorders, 37*(4), 709–715. https://doi.org/10.1007/s10803-006-0197-8

Roth, M., Schönefeld, V. & Altmann, T. (Hrsg.). (2016). *Trainings- und Interventions-programme zur Förderung von Empathie.* Berlin, Heidelberg: Springer Berlin Heidelberg. https://doi.org/10.1007/978-3-662-48199-8

Rueda, P., Fernández-Berrocal, P. & Schonert-Reichl, K. A. (2014). Perspective-Taking and Empathic Concern as Mediators for Happiness and Positive Affect in Adolescents With and Without Asperger Syndrome. *Journal of Develop-mental and Physical Disabilities, 26*(6), 717–735. https://doi.org/10.1007/ s10882-014-9391-3

Schandry, R. (2011). *Biologische Psychologie: mit Online-Materialien* (3., vollst. überarb. Aufl). Weinheim: Beltz.

Schwenck, C., Mergenthaler, J., Keller, K., Zech, J., Salehi, S., Taurines, R., Romanos, M., Schecklmann, M., Schneider, W., Warnke, A. & Freitag, C. M. (2012). Empathy in children with autism and conduct disorder: group-specific profiles and developmental aspects: Empathy in children with autism and CD. *Journal of Child Psychology and Psychiatry, 53*(6), 651–659. https://doi.org/ 10.1111/ j.1469-7610.2011.02499.x

Seitz, T., Gruber, B., Preusche, I. & Löffler-Stastka, H. (2017). Rückgang von Empathie der Medizinstudierenden im Laufe des Studiums – was ist die Ursache? *Zeitschrift für Psychosomatische Medizin und Psychotherapie, 63*(1), 20–39. https://doi.org/10.13109/zptm.2017.63.1.20

Shamay-Tsoory, S. G. (2009). Empathic Processing: Its Cognitive and Affective Dimensions and Neuroanatomical Basis. In J. Decety & W. Ickes (Hrsg.), *The Social Neuroscience of Empathy* (S. 215–232). The MIT Press. https://doi.org/ 10.7551/mitpress/9780262012973.003.0017

Singer, T. (2004). Empathy for Pain Involves the Affective but not Sensory Components of Pain. *Science, 303*(5661), 1157–1162. https://doi.org/ 10.1126/ science.1093535

Singer, T., & Bolz, M. (Hrsg.). (2013). *Mitgefühl: In Alltag und Forschung.* Leipzig: Max-Planck-Institut für Kognitions- und Neurowissenschaften.

Singer, T. & Klimecki, O. M. (2014). Empathy and compassion. *Current Biology*, *24*(18), R875–R878. https://doi.org/10.1016/j.cub.2014.06.054

Singer, T. & Lamm, C. (2009). The Social Neuroscience of Empathy. *Annals of the New York Academy of Sciences*, *1156*(1), 81–96. https://doi.org/ 10.1111/ j.1749-6632.2009.04418.x

Singer, T. & Leiberg, S. (2009). Sharing the emotions of others: The neural bases of empathy. In M. S. Gazzaniga (Hrsg.) The Cognitive Neurosciences IV (pp. 971–984). Cambridge, MA: MIT Press

Singer, T., Seymour, B., O'Doherty, J. P., Stephan, K. E., Dolan, R. J. & Frith, C. D. (2006). Empathic neural responses are modulated by the perceived fairness of others. *Nature*, *439*(7075), 466–469. https://doi.org/10.1038/nature04271

Smith, A. (2009). The Empathy Imbalance Hypothesis of Autism: A Theoretical Approach to Cognitive and Emotional Empathy in Autistic Development. *The Psychological Record*, *59*(2), 273–294. https://doi.org/10.1007/BF03395663

Soderstrom, H. (2003). Psychopathy as a disorder of empathy. *European Child & Adolescent Psychiatry*, *12*(5), 249–252. https://doi.org/10.1007/s00787-003-0338-y

Staemmler, F.-M. (2008). *Empathie in der Psychotherapie aus neuer Perspektive*. Universität Kassel, Kassel. Verfügbar unter https://www.deutsche-digitale-bibliothek.de/binary/ZD65HR32YPHF7EZJIA63C4CYKVFNRCC2/full/1.pdf [01.09.2017]

Staemmler, F.-M. (2009). *Das Geheimnis des Anderen - Empathie in der Psychotherapie: wie Therapeuten und Klienten einander verstehen*. Stuttgart: Klett-Cotta.

Sterzer, P., Stadler, C., Poustka, F. & Kleinschmidt, A. (2007). A structural neural deficit in adolescents with conduct disorder and its association with lack of empathy. *NeuroImage*, *37*(1), 335–342. https://doi.org/10.1016/ j.neuroimage. 2007.04.043